KB275923

로마서 1

[개정판]

 옥한흠 다락방 시리즈 13

로마서 1 [개정판]

초판 1쇄 발행 1993년 1월 30일
개정판 1쇄 발행 2009년 7월 29일
개정판 32쇄(60쇄) 발행 2022년 10월 24일

지은이 옥한흠

펴낸이 오정현
펴낸곳 국제제자훈련원
등록번호 제2013-000170호(2013년 9월 25일)
주소 서울시 서초구 효령로68길 98(서초동)
전화 02)3489-4300 **팩스** 02)3489-4329
이메일 dmipress@sarang.org

ISBN 978-89-5731-402-9 03230

※ 책값은 뒤표지에 있습니다. 잘못된 책은 구입하신 곳에서 교환해드립니다.

국제제자훈련원은 건강한 교회를 꿈꾸는 목회의 동반자로서 제자 삼는 사역을 중심으로
성경적 목회 모델을 제시함으로 세계 교회를 섬기는 전문 사역 기관입니다.

로마서 1

[개정판]

옥한흠 지음

국제제자훈련원

이 교재 사용에 대하여

제자훈련의 열매는 훈련된 평신도 지도자들이 사역하는 소그룹(구역, 다락방, 셀, 목장)이라 할 수 있다. 소그룹이란 성도간에 아름다운 사랑의 교제를 나누며, 말씀 안에서 영적으로 성숙해가도록 서로 돕고, 믿지 않는 사람들을 초청하여 복음을 나누는 소그룹 단위의 공동체다. 소그룹은 하나님의 말씀에 기초한다. 그러므로 각자의 삶을 드러낼 수 있도록 돕고 변화되어야 할 삶의 목표를 분명하게 제시할 수 있는 좋은 교재가 마련되면 효과적인 소그룹을 운영하는 데 큰 도움을 얻는다. 그러나 분주한 목회자의 입장에서는 직접 교재를 만든다는 것이 그리 쉬운 일이 아니다. 이런 어려움을 해결할 수 있도록 돕기 위해 마련된 것이 "옥한흠 다락방 시리즈"이다.

본 시리즈를 사용하는 데 있어 다음 몇 가지를 참고해 주기 바란다.

1. 이 교재는 소그룹에서 귀납적인 방법으로 성경을 공부하기 위해 만든 것이다. 즉 성경의 가르침을 일방적으로 주입하는 대신 충분한 토의를 통해 구성원들의 생각을 먼저 정리하고 그것을 성경의 가르침과 비교하도록 구성되었다. 결코 해답 베껴 쓰기 식의 공부가 되지 않도록 해야 한다. 서툴더라도 자기 인식과 활발한 토의 참여에 의한 생생한 결론이 나올 수 있도록 해야 한다. 따라서 지도자는 소그룹 환경에서 귀납적 방법으로 성경을 공부하는 것이 무엇인지를 반드시 먼저 배워야 한다.

2. 이 교재는 교역자가 매주 소그룹 지도자들을 먼저 예습시킨 다음 사용하게 해야 바람직한 효과를 기대할 수 있다. 소그룹 지도자는 공부할 내용을 충분히 이해해야 한다.

3. 소그룹에 참석하는 자들은 반드시 예습을 하도록 권장해야 한다.

4. 한 과를 공부하는 데에는 한 시간 이상이 필요하다. 그러므로 각 문제에 따라 답만 찾아보고 넘어가야 할 것과 충분한 토의를 통해 진지하게 적용할 것을 잘 구별해서 진행하는 것이 중요하다.

차례

예수 그리스도의 종

로마서 1:1-7

 ## 마음의 문을 열며

로마서를 일컬어 교회 갱신의 성경이라고 부른다. 어거스틴에서 시작하여 루터, 웨슬리 등 역사상 교회를 새롭게 재건하는 일에 쓰임 받았던 영적 거목들은 로마서를 통해 주님의 음성을 들었다. 지금도 교회가 새로워지고 그리스도인들이 다시 한 번 거듭나기 위해서는 로마서 안에 담긴 우레와 같은 주님의 음성을 들어야 할 것이다. 놀랍게도 오늘날 교회 안에는 복음을 들어야 할 자들이 매우 많다. 복음을 제대로 배우지 못한 자들, 구원의 감격을 한 번도 맛보지 못한 자들, 들어도 감각이 없는 자들, 심지어 잘못된 복음에 익숙해진 자들이 어디 한두 명인가?

로마서 첫 장을 펼쳐 보면 '예수 그리스도의 종 바울' 이라는 매우 충격적인 표현으로 말씀이 시작된다. 바울은 자신을 노예로 소개한다. 그러면서 그는 우리도 그리스도의 종이라고 부르기를 주저하지 않는다. 오늘 이 시간, 예수 그리스도의 종인 신분에 대해 살펴보도록 하자.

 **말씀의 씨를 뿌리며**

1 제3차 전도여행을 하던 바울은 고린도에 잠깐 머물며 겨울을 보냈다. 그는 여기서 로마서를 썼다. 때는 주후 58~59년경이었고, 장년에 접어든 나이로 시력이 좋지 않았던 바울은 비서인 더디오에게 구술하고 받아쓰게 했다. 그리고 이 서신을 여집사 뵈뵈의 손에 들려 로마 교회에 전했다. 이상의 사실을 다음 구절을 보면서 확인해 보라.

○ 로마서 16장 22절

○ 로마서 16장 1-2절

○ 사도행전 19장 21절

2 바울은 로마서 서두를 시작하면서 자신을 어떻게 소개하고 있는가?(1절)

3 '종'이라는 말을 사전에서 찾아보고, 종에 대해 아는 대로 써 보라.

4 당시 노예는 귀족인 주인을 위해 일하는, 공장의 기계와 다를 바 없는 생산 수단이었다. 그래서 "노예와 당나귀는 똑같은데, 노예는 말을 할 줄 알고 당나귀는 말을 하지 못할 뿐이다"라는 말이 공공연히 나돌 정도였다. 예수님께 자신을 종으로 드리는 것은 절대 하루아침에 되는 일이 아니다. 바울 역시 마찬가지였다. 2-4절의 내용을 가지고, 바울은 예수님에 대해 풍부한 지식을 갖고 있었음을 확인해 보라(참고 / 갈 1:17-18).

5 오래 교회를 다녔지만 예수님이 나의 주인 되심에 대한 의식이나 나의 종 됨에 대한 의식이 희박하여 종종 자신이 주인인 것처럼 착각하며 사는 이유는 무엇인가? 예수님에 대해 많이 배우지 못했기 때문이라고 생각하지 않는가? 예수님을 잘 모름으로 인해 자기 자신에 대해서도 잘못 알고 있는 것은 아닌가?

6 어떤 사람은 "바울이 예수의 종 된 것이 우리와 무슨 상관이 있느냐"고 반문할지도 모른다. 바울처럼 특별히 소명을 받은 선교사에게나 예수의 종이 되는 문제가 중요하지, 자신 같은 평신도에게는 그렇지 않다고 생각하기 때문이다. 그러나 이는 너무 인간적인 생각이다. 6절에서 바울은 로마 교인들을 누구라고 말하고 있는가?(참고 / 고전 6:19-20; 롬 14:7-8)

7 우리가 예수를 믿고 난 후에는 그리스도인(Christian)이라고 불린다. 예수 믿는 사람이 처음으로 그리스도인이라고 불린 것은 안디옥 교회에서다(행 11:26). 이 말은 헬라어로 '크리스티아노스'(christianos)인데, 그리스도의 추종자(follow)나 그리스도에게 속한 자(belonging to)라는 뜻이다. 결국 그리스도인이라는 호칭은 그리스도의 종이라는 말과 같다. 당신은 이 점에 대해 어떻게 생각하는가?

8 종은 주인이 시키는 대로 한다. 가라면 가고, 오라면 와야 한다. 무슨 대가를 기대해선 안 된다. 누가복음 17장 7-10절은 이 사실을 잘 보여 준다. 당신이 예수의 종이라면 이런 자세로 살아야 한다. 지금 당신은 이런 종의 자세로 살고 있는가?

9 율법에 따르면 유대 나라에서는 자원해서 종이 되기를 원하는 자에게
는 주인이 귀에 구멍을 뚫고 주인 이름이 새겨진 귀걸이를 걸어 주었다
(참고 / 출 21:2-6). 귀걸이를 하고 있는 종은 다른 종들과 달랐다. 주인
을 무척 사랑해서 무엇이나 희생할 각오가 되어 있었고, 자신의 종살이
를 즐거워했다. 우리도 예수 그리스도의 이름이 새겨진 귀걸이를 단 자
가 되어야 한다. 우리의 귀걸이는 장식용이 아니다. 삶을 통해 우리가
예수 그리스도의 종임을 증거해야 한다. 많은 사람이 예수의 종이 되면
자유를 빼앗기고 부담스럽게 살아야 하는 게 아닌가 하고 생각한다. 사
실은 정반대임에도 불구하고 사람들은 그렇게 생각하는 것이다. 당신
의 신앙생활은 어떤가? 예수 믿는 것 자체를 부담스러워하고 있지는 않
은가?

다음 예화를 읽은 후 각자 느낀 점을 정리하고 함께 기도하는 시간을 가지라.

가만히 살펴보면 교회를 다니는 이들 중 많은 사람이 자신을 예수의 종으로 인정하지 못하는 것 같다. 어떤 목사가 길을 가다가 대문에 교패가 붙어 있는 것을 발견하고 벨을 눌렀다고 한다. 젊은 새댁이 미소 띤 얼굴을 내밀었다. 목사가 "안녕하세요? 이 댁에 주님이 계신가요?"라고 물었다. 그러나 젊은 새댁은 깜짝 놀라며 목사가 하는 말이 무슨 뜻인지 알아듣지 못했다. 새댁은 머뭇거리다 자신은 모 교회를 다닌다고 말했다. 그러나 목사가 다시 한 번 그 댁에 주님이 계시는지 물었다. 어리둥절한 새댁은 아무 말 않고 문을 닫고 들어가 버렸다. 사실 그 새댁은 목사의 딸이요 남편은 장로의 아들이었고, 둘 다 교회에서는 집사로 성가대원으로 봉사하고 있었다.

이런 그들에게 던진 목사의 질문에는 큰 의미가 담겨 있었다. 주님이 계시느냐는 물음은 예수님이 그 가정의 주인으로 대접받고 계시는지를 묻는 것이었다. 바꾸어 말하면 그 가정이 예수의 종으로 충성하고 있느냐는 말이다. 목사는 교패를 버젓이 붙여 놓고 사는 집이니 그 정도의 인사를 해도 실례가 아니라고 생각한 모양이었다. 이렇게 자신이 예수의 종임을 잘 모르고 교회 다니는 자들이 얼마나 많은지 모른다.

로마 교회는 다시 복음을 들어야 했다(I)

로마서 1:8-17

 ## 마음의 문을 열며

로마서의 주제를 한마디로 요약하면 1장 1절에 나오는 하나님의 복음이라고 할 수 있다. 복음은 쉽게 말하면 복된 소식, 기쁜 소식을 의미한다.

신앙생활을 바로 하기 위해서는 무엇보다 복음을 아는 것이 중요하다. 하나님이 주신 성경 말씀은 전부가 복음이다. 그중에 예수 그리스도는 복음 중의 복음이다. 한밤 중에 난산으로 고통스러워 하는 산모에게 산부인과 의사가 온다는 것이 기쁜 소식 중의 기쁜 소식인 것처럼, 죄와 죽음의 노예가 된 우리에게 구원자 예수 그리스도가 오셨다는 것은 세상의 어떤 소식보다 기쁜 소식이다. 지금 바울은 뛰는 가슴을 안고 이 복음에 대해 입을 열고 있다. 우리도 이 시간, 복음의 감격으로 가슴 뛰는 은혜를 누리게 되길 바란다.

 **말씀의 씨를 뿌리며**

1 바울은 지금 누구의 복음이라고 말하는가? 당신은 지금까지 복음 하면 누구의 복음이라고 이야기해 왔는가?(1절, 참고 / 막 1:1)

2 로마서에 가장 많이 사용된 단어는 하나님이다. 모두 153번이나 나왔다. 헬라어 원문을 가지고 분석해 보면 153회라는 것은 46단어마다 한 번씩 하나님이란 이름을 사용한 것이다. 이것은 성경 66권 중 로마서를 제외한 다른 성경에서는 그 예를 찾아볼 수 없는 높은 빈도다. 복음을 체계적으로 가르치는 로마서에서 이처럼 하나님이 파격적으로 많이 사용된 이유는 무엇이라고 생각하는가?(참고 / 골 1:12-14)

3 복음을 이해할수록 우리의 마음은 하나님을 향하게 된다. 우리의 눈은 하나님을 향하여 열리며, 우리의 입술은 하나님을 향해 찬양 드리게 된다. 바울은 이 사실을 가장 잘 보여 준다. 로마서 11장 33절을 가지고 바울이 얼마나 감격해 하는지 살펴보라. 당신도 이와 같은 감격으로 하나님을 찬송할 수 있는지 말해 보라.

4 다음 구절에서 로마에 있는 성도가 어떤 사람들이었는지 정리해 보라.

ㅇ 6절

ㅇ 7절

ㅇ 8절

5 15절에서 바울은 로마에 있는 성도에게 복음 전하기를 원한다고 말한다. 복음은 원래 예수님을 모르는 자에게 전하는 것이다. 그럼에도 바울이 믿음 좋은 로마 교인들에게 복음을 전하고 싶어 한 것은 무슨 이유 때문인가?(10-11절, 참고/롬 15:20)

6 로마 교회가 언제 시작되었는지는 아무도 모른다. 그러나 바울이 이 편지를 쓸 당시는 적어도 교회가 생긴 지 20년이 지나 나름의 전통이 있었을 것이라고 본다. 역사가 오랜 교회일수록 복음이 죽어 있기 쉽다. 어쩌다 50~60년 역사가 된 교회를 가보면 예수의 사랑이 식어 버린 지 오래라는 느낌을 받을 때가 있다. 십자가의 피가 말라 버린 것처럼 보인다. 그러므로 우리는 이렇게 이야기해야 한다. "복음, 즉 예수 그리스도를 정말 필요로 하는 사람은 교회 밖보다 교회 안에 있습니다. 십자가 앞에서 다시 한 번 깨져야 할 사람이 교회 안에 있고, 하나님의 사랑 앞에서 굳고 교만한 마음이 녹아야 할 사람이 교회 안에 있고, 예수의 이

름 앞에서 자기 자신이 죽고 다시 태어나는 은혜를 받아야 할 사람이 바로 교회 안에 있습니다." 당신은 어떤가? 당신 역시 복음을 다시 들어야 할 사람이라고 생각지 않는가?

7 바울이 로마 교회에 복음을 전하고 싶다고 해서 안 믿는 사람 전도하듯 하겠다는 의미는 아니었다. 복음의 진리를 다시 한 번 가르치고 배우는 데서 자연히 흘러넘치게 될 은혜의 잔을 서로 나누고 싶다는 것이었다. 이 점에 대해 바울은 어떻게 말하고 있는가?

○ 11절

○ 12절

8 어떤 사람은 처음 예수 믿으면서 맛본 감격을 죽을 때까지 잃어버리지 않고 유지한다. 정말 복이 많은 사람이다. 반면에 우리 중 십중팔구는 그 감격을 오래 지속하지 못한다. 2-3년 기뻐하고 좋아하다가, 혹은 한두 달 그렇게 감격해서 좋아하다가 금세 식어 버리곤 한다. 왜 이런 현상이 일어난다고 생각하는가?(참고 / 계 2:2-4, 3:15-17)

 ## 삶의 열매를 거두며

다음 이야기를 읽고 자신에게 적용해 보라. 어떤 생각을 했는지 말해 보자.

어느 여 집사님 이야기다. 그녀는 서울 시내 큰 교회를 수십 년 다녔고, 10년 이상 주일학교 교사로 봉사했으며, 담임목사의 두터운 신임도 받았다. 그러다가 강남으로 이사 오면서 부득이 교회를 옮기게 되었다. 그렇게 고민하다 한 교회에 등록했는데 등록하자마자 새가족 모임에 나오라는 말을 들었다. 안 들어가려고 하니 미안하고 들어가려고 하니 왠지 섭섭하기도 했다. 하는 수 없이 참석하기로 했는데 계속 마음이 언짢았다. 자기가 왜 이런 모임이 나와야 하는지 생각할수록 자존심이 상해 견딜 수가 없었다. 자신을 인정해 주지 않는다는 것이 몹시 기분 상하게 했기 때문이다. 그런데 예수 그리스도가 누구신지에 대해 차근차근히 가르쳐 주는 대로 들으면서 어느 순간 자신도 모르게 눈물이 흘러내렸다. 그 눈물은 두 번째 시간에도, 그 다음 시간에도 멈추지 않았다. 5주 동안 계속 말씀을 들으며 감격하고 흐느꼈다. 새가족 모임을 수료하는 시간에는 간증하는 순서가 있었는데, 담당 교역자가 이 집사에게 간증을 부탁했다.

“사실 나같이 오래 예수님을 믿고 교회에서 인정받았던 사람이 새가족 모임을 들어야 한다는 것은 무척 자존심 상하는 일이었습니다. 그래서 좀 교만한 마음으로 자리에 앉아 있는데 예수 그리스도에 대해서, 십자가에 대해서, 부활에 대해서 다시 들으면서 나도 모르게 '내가 크게 잘못 생각했구나!' 하는 것을 느끼게 되었습니다. 예수님에 대해 다 아는 것 같았는데, 듣고 보니 너무 몰랐고, 십자가의 진리를 이미 터득한 줄 알았는데 듣고 보니 그 은혜에서 멀리 떨어져 있었습니다. 이미 은혜가 충만한 사람인 줄 알았는데 모르는 사이에 구원의 감격이 식어 버린 사람이었음을 깨닫게 되었습니다. 나는 이 새가족 모임을 통해 예수님을 다시 만난 것에 감사드립니다. 교회에 등록하는 사람에게 왜 새가족 모임에 들어가라고 권유하는지 이제 알았습니다.”

로마 교회는 다시 복음을 들어야 했다(II)

로마서 1:8-17

 마음의 문을 열며

15절에서 바울은 "로마에 있는 너희에게도 복음 전하기를 원하노라"고 말한다. 여기서 '너희'는 믿음 좋고 전통 있는 교회에 소속된 신자였다. 그런데도 바울이 그들에게 복음을 전하려고 한 이유는 무엇일까? 이 의문에 대해 지난 시간 우리는 복음을 들어야 할 사람이 교회 밖에도 많지만 교회 안에도 많다는 것을 살펴보았다. 그리고 교회 안에 있는 신자들이 복음을 들어야 할 첫 번째 이유는 잃어버린 구원의 감격을 회복하는 데 있음을 알았다. 오늘 이 시간 왜 로마 교회가 다시 복음을 들어야 했는지 계속 살펴보자.

 ## 말씀의 씨를 뿌리며

1 복음에는 어떤 능력이 있는가?(16절)

2 17절을 주의해서 보면 구원이라는 말과 같은 의미로 사용되는 단어가 나온다. 무엇인가? 그 이유를 로마서 3장 21-22절을 참고하여 정리해 보라.

3 복음의 능력에 대해 다른 구절을 들어 설명해 보라.

　○ 사도행전 1장 8절

　○ 사도행전 3장 6절

　○ 고린도전서 2장 2절

4 복음에는 하나님의 능력이 있어 우리가 복음을 전하면 놀라운 일이 일어난다. 실제로 이와 비슷한 경우를 보거나, 경험한 일이 있으면 이야기해 보라.

5 16절을 다시 주목해 보라. 모든 믿는 자에게 구원을 주신다는 말씀은 복음의 능력에 관해 무엇을 알게 해주는가?(참고 / 요 6:39)

6 하나님의 복음이 가진 능력은 구원받는 조건이 복잡하지 않다는 데서도 찾아볼 수 있다. 그 조건이 무엇인가?(16-17절)

7 불행하게도 로마 교회처럼 대부분의 사람들이 놀라운 복음의 능력을 잃어 가는 것 같다. 그렇지 않다면 왜 이웃을 구원하지 못하는가? 왜 전도하기를 두려워하는가? 당신은 이 능력을 알고 있는가?

8 예수 그리스도의 이름이 입버릇처럼 오르내리지 말아야 한다. 그 이름
은 능력이다. 그 능력을 내 것으로 만들기 위해서는 날마다 예수 그리스
도를 가슴속에 모시고 살아야 한다. 그분이 왜 나를 위해 죽으셨는지 묵
상하며 날마다 새롭게 복음을 들으면서 감격하는 은혜를 유지해야 한
다. 당신이 이것을 위해 무엇을 노력해야 하는가?

9 로마 교회가 다시 복음을 들어야 할 이유를 13절에서 또 하나 발견할 수
있다. 그것이 무엇인가?

 **삶의 열매를 거두며**

바울을 통해 다시 복음을 들은 로마 교회는 기적과 같은 복음의 열매를 거두어 하나
님을 영화롭게 했다. 어느 역사가의 기록을 보면 네로 황제가 핍박을 시작해서 바울
을 칼로 죽이고, 베드로를 십자가에 거꾸로 매달고, 예수 믿는 사람을 처참하게 죽일

당시에도 로마에는 유대인으로서 예수 믿는 사람이 2만 명을 넘어섰다고 한다. 따라서 유대인 아닌 사람 중에 예수를 믿은 사람이 또 얼마나 많았겠는가? 정확한 기록은 없지만 역사가들이 그들의 기록에 사용한 거대한 군중이라는 표현을 참고하면 그 수가 대단했음을 짐작할 수 있다. 기적이나 다름없는 풍성한 전도의 열매를 가지고 하나님을 기쁘게 했던 로마 교회의 성도에 비한다면 우리는 얼마나 부끄러운 자들인가? 다음 이야기를 읽고 자신의 생명이라도 바쳐 구원해야겠다고 생각하는 사람이 누군지 이름을 적고 함께 기도하자.

예수를 매우 잘 믿는 초등학생 아이가 있었다. 그러나 그 아이의 아버지는 예수를 믿지 않았다. 아이는 예수님을 믿고 구원의 감격을 가슴에 벅차게 느끼면서 '예수님을 나만 믿어서는 안 돼. 아빠도 믿어야 하고 엄마도 믿어야 해!' 하는 견딜 수 없는 충동에 사로잡히고 말았다. 그래서 아이는 예수 믿지 않는 아버지를 보고 날마다 예수 믿자고 졸랐다. 그러나 아버지는 단지 아들이 그렇게 조르는 것이 귀엽기만 했다. "그래그래, 너부터 먼저 믿으렴. 나는 틈나는 대로 믿으마. 너무 나를 괴롭히면 내가 오히려 부담스럽지 않겠니?" 이렇게 달래며 적당히 넘어가곤 했다. 그러던 어느 날 가슴 아프게도 그 아이가 교통사고로 죽고 말았다. 부모의 슬픔은 무엇으로도 달랠 수가 없었다. 아버지는 죽은 아들이 사용하던 방에 들어가 유품을 하나하나 만져 보았다. 옷도 만져 보고, 읽던 책도 만져 보고, 그러다가 노트 하나를 발견했다. 그것은 일기장이었는데 그것을 읽던 아빠는 깜짝 놀라고 말았다. 죽기 며칠 전에 쓴 일기였는데 이런 기도문이 적혀 있었다. "하나님! 우리 아빠 꼭 예수님 믿게 해주세요. 하나님! 아빠가 예수님 믿기 위해서 누군가 죽어야 한다면 내가 죽기를 원합니다. 내가 죽어서라도 아빠를 예수 믿게 해주세요." 그 글을 읽던 아버지는 후회와 감동의 감정을 주체할 수 없었다. '예수를 믿는 것이 이렇게 중요한 것인가? 생명을 내놓고라도 내가 믿어야 할 일이었던가?' 그는 그 자리에서 하나님 앞에 회개하고 예수님을 구주로 영접했다. 아들의 생명과 자기 구원을 바꾼 셈이 되었다. 혹시 그분이 누군지 하는가? 지난 반세기 동안 세계 도처에서 수백만 명의 젊은이를 그리스도 앞으로 인도하는 데 큰 몫을 담당했던 대학생선교회(C.C.C.)의 국제본부 부총재이다.

하나님의 진노

로마서 1:18

 ## 마음의 문을 열며

로마서의 본론은 18절부터 시작된다고 할 수 있다. 그런데 그 첫마디가 하나님의 진노라는, 듣기에 별로 좋지 않은 말씀으로 시작된다. 모든 믿는 자에게 구원을 주시는 하나님의 복음을 선포하는 서두에서 왜 하필이면 하나님의 진노인가 라고 생각할지 모른다. 그러나 여기에는 우리가 놓치지 말아야 할 중요한 진리가 담겨 있다. 이 시간 짧은 한 절의 말씀이지만 성령의 인도하심에 따라 이 진리 안에 감추어진 은혜의 샘물을 함께 마셔보자.

 **말씀의 씨를 뿌리며**

1 당신은 사랑의 하나님과 진노의 하나님 중 어느 쪽 하나님을 좋아하는가? 당신은 지금까지 하나님의 진노에 대해 어떤 생각을 가지고 있었는가? 다음 글을 읽고 자신의 생각을 말해 보라.

"현대의 신학자들 중에는 처음부터 하나님의 진노 개념을 부정해 버리는 사람이 적지 않다. 그들은 사랑의 하나님과 진노의 하나님은 서로 모순이라고 말한다. 사랑이면 사랑이고, 진노이면 진노지 어떻게 사랑하면서 진노할 수 있느냐고 반문한다. 그러면서 하나님을 진노하는 자로 보는 것을 신성 모독이라고 생각한다. 그래서 아예 진노를 인정하지 않는 것이다. 더 나아가서 죄인을 심판하려고 준비한 지옥까지 부정한다. 성경에서 무엇이라고 말씀하시든 간에 진노나 지옥 등은 우리 인간에게 경고하기 위한 엄포에 지나지 않는다는 것이다. 설혹 지옥이 있다 하더라도 그곳은 단지 며칠 동안 가두어 정신을 차리게 한 다음 풀어 주기 위한 곳이지 영원히 벌주는 곳은 아니라는 것이다."

2 하나님의 진노는 죄를 조금도 용납하지 못하는 그의 거룩한 품성 때문에 나타나는 것이다. 이 점에 대해 다음 구절을 검토해 보라.

- **ㅇ 출애굽기 19장 22절**

- **ㅇ 하박국 1장 13절**

3 하나님의 진노는 자기 자녀를 징계하시는 사랑의 일면이다. 사랑하면
화를 낸다. 사랑하면 징계한다. 이에 대해 에밀 브루너는 "하나님께 등
을 돌린 사람을 향한 그의 진노가 곧 사랑이다"라고 적절하게 말했다.
잠언 3장 12절에서 이 사실을 확인해 보라.

4 누구에게 하나님의 진노가 임하는가?(18절, 참고 / 나 1:2)

5 경건치 않다는 것은 하나님을 향한 적대 행위, 즉 종교적인 죄를 가리킨
다. 19-25절을 보면 그 죄들을 열거하고 있다. 불의는 26-32절에 나오는
죄를 가리키는 것으로 이웃을 해치는 악을 말한다. 만약 경건치 아니한
자들과 불의를 행하는 자들을 보고 진노하지 않는 신이라면, 과연 하나
님이라고 예배할 필요가 있는지 생각해 보라.

6 18절에서 "하늘로부터 나타나나니"라는 것은 현재 진행 중인 사건을 가리키는 말이다. 끊임없이 진노하시고 그 진노가 임하고 있다는 뜻이다. 시편 7편 11절을 보고 이 사실을 확인해 보라.

7 불신자들을 불쌍히 여기는 이유가 바로 여기에 있다. 당신은 매일 하나님의 진노 아래 있는 그들을 불쌍히 여기는 마음을 가졌는가?

8 하나님이 매일 불의와 경건치 않은 죄를 향해 진노하고 계시다면, 이 사회의 악한 사람들이 어떻게 저렇게 형통할 수 있는지 의구심이 일어날 것이다. 우리의 현실을 보면 하나님이 정말 진노하시는지 증거가 별로 보이지 않는다. 이런 모순에 대해 당신은 어떻게 대답할 수 있겠는가?

9 하나님의 진노는 몇 가지 특별한 성격이 있다. 다음 구절을 읽고 대답해 보라.

○ 로마서 1장 24-28절

삶의 열매를 거두며

다음 실화를 읽어 보라. 우리 주변에도 언젠가 이와같이 하나님의 진노를 당할 사람이 많다고 생각지 않는가? 생각나는 사람이 있다면, 그를 위하여 기도하는 시간을 갖자.

어느 부부가 결혼한 후 25년 동안 행복하게 살았다. 이상적인 결혼생활은 아니지만 그래도 행복했다고 말하는 것을 보면 그럭저럭 무난한 부부 사이였나 보다. 자녀들 셋이 잘 자라고 경제적으로도 유복해서 이제는 여생을 좀 더 편안히 보내려고 집을 바꾸기로 했다. 호숫가에 자리 잡은 그림처럼 멋진 집을 찾아다니다가 마침내 한 집을 찾아냈다. 주인과 거래가 시작되었는데 그는 부인과 사별했는지 아니면 이혼했는지 혼자 살고 있었다. 드디어 그 집을 사기로 계약하고 몇 달 동안 부인이 왔다 갔다 했다. 그런데 두 달가량 지난 어느 날 느닷없이 부인이 남편에게 이혼을 요구했다. 남편은 자다가 날벼락을 맞은 기분이었다. 왜 갑자기 이혼하려는지 알 수가 없었다. 부인은 이유도 설명하지 않은 채 집을 떠나겠다면서 아이들도 데려가지 않겠다고 했다. 그날 밤 잠을 자지

못한 남편이 커피 잔을 들고 나오니 부인은 벌써 손가방 몇 개를 들고
나오며 잘 있으라는 인사말을 건넸다. 일의 결론은 이렇다. 이 부인은
호숫가에 있는 그 집 주인과 눈이 맞아 함께 살기로 하고 그 집으로 간
것이다. 이런 일 미국에서는 예사로 생긴다. 그러나 호숫가에서 새 살림
을 꾸리고 그야말로 꿈같은 나날을 2주 정도 보낸 어느 날 갑자기 그 남
자는 심장마비를 일으켜 죽고 말았다.

하나님께 경건하지 못한 죄

로마서 1:19-25

 ## 마음의 문을 열며

로마서를 처음부터 끝까지 주의 깊게 읽다 보면 그 내용이 매우 논리적으로 전개되고 있음을 알 수 있다. 이는 다음과 같다. 처음에는 하나님이 우리를 벌거벗기신다. 두 번째는 우리에게 의의 옷을 입혀 주신다. 그 다음으로 우리를 성령의 사람으로 만드신다. 마지막으로 우리를 그분의 제단 위에 올릴 거룩한 산 제물이 되게 하신다. 로마서의 내용이 이처럼 네 단계로 발전한다는 것을 알면 로마서를 이해하는 데 큰 도움이 된다. 이 시간 우리가 배울 본문 말씀에는 "하나님이 왜 인간에게 이토록 진노하실까?" 라는 질문에 대한 답이 기록되어 있다. 그것은 마치 우리를 벌거벗기는 것처럼 보인다. 지금부터 우리 인간의 벌거벗은 모습을 정직한 마음으로 살펴보도록 하자.

 **말씀의 씨를 뿌리며**

1 우리가 예수님을 믿고 안 믿고를 떠나 자연인으로 돌아가 인간 본래의
모습을 직시하는 일은 대단히 중요하다. 하나님 앞에서 입버릇처럼 죄
인이라고 고백하면서도 사실은 자신이 얼마나 더러운 죄인인지 아는
사람은 많지 않기 때문이다. 당신은 자신이 죄인이라는 사실을 어느 정
도 알고 있는가?

2 오늘 본문은 경건치 못한 죄가 무엇인지 자세히 설명한다. 경건은 원래
하나님을 경외하고 사랑하는 마음을 뜻한다. 따라서 경건하지 못하다
는 것은 하나님을 사랑하지 않는 것이요, 하나님을 경외하는 마음이 전
혀 없는 상태를 말한다. 불경건을 영어로 'Godlessness' 라고 한다. 하나
님이라는 'God' 에, 없다는 의미의 'less' 와 명사형 접미사인 'ness' 를
붙여 놓은 것이다. 그래서 이 단어를 글자 그대로 읽으면 하나님이 없다
는 것이다. 시편 53편 1절을 통해 경건치 못한 죄의 뿌리가 무엇인지를
찾아보라.

3 경건치 못한 죄를 범하는 자는 하나님께 어떤 태도를 취하는가?(21절)

4 사람이 하나님을 모르는 것이 아니다. 그분을 아는 본능적인 지식이 있기 때문에 오히려 하나님이 없다고 말하는 것이다. 19절 말씀과 다음 칼뱅의 말을 참조하여 그 이유를 설명하고 몇 가지 실례를 들어 보자.

❖❖❖

"하나님에 대한 이 지식을 늘 새롭게 하기 위해 하나님은 계속해서 신선한 물방울을 우리 마음에 떨어뜨려 주신다." - 칼뱅
"하나님의 계심을 아는 의식은 인간의 골수까지 깊이 박혀 있어서 그것을 지워 버리는 것은 불가능한 일이며 차라리 천성을 바꾸는 편이 더 쉬울지 모른다." - 칼뱅

5 하나님은 먼저 무엇으로 자신을 알게 하셨는가?(20절, 참고 / 시 104:24-27)

6 사람은 왜 하나님이 계신 줄 알면서도 고의로 그분을 영화롭게 하지 않음으로써 불경죄를 범하는가? 21-22절을 가지고 그 이유 두 가지만 지적해 보라.

7 당신도 예수 믿기 전에는 똑같이 어리석은 자였다고 생각지 않는가? 지금의 느낌은 어떤가?

8 하나님을 싫어하면 결국 무엇을 섬기게 되는가? 그리고 사람이 하나님보다 그것을 더 선호하는 이유는 무엇인가?(23-25절)

9 어떤 책을 보니 비참한 인생을 사는 비결이 기록되어 있었다. 그 내용은 다음과 같다. "내 자신에 관해서만 생각하라. 내 자신에 관해서만 이야기하라. 가능한 한 나라는 말만 사용하라. 칭찬받기를 기대하라. 지나

치도록 당신 자신을 사랑하라. 철저히 이기적인 사람이 되라." 다음 글을 읽고 당신에게도 이런 자기중심적인 생각이 남아 있는지 솔직하게 나눠 보라.

지금 미국을 중심으로 해서 세상에 무서운 속도로 확산되는 운동이 있다. 그것은 '뉴 에이지 운동'(New Age Movement)인데, 우리말로 직역하면 새로운 세대 운동이라고 할 수 있다. 20세기에 접어들어 기독교 문명이 쇠퇴해 가면서 주로 동양에서 미국으로 이민 간 사람들의 주도로 시작된 운동이다. 힌두교를 위시해서 불교, 도교, 유교 등 모든 동양 종교가 혼합된 것이다. 뉴 에이지 운동의 가장 큰 특징은 범신론이다. "사람은 신이요, 신은 곧 사람이다. 그리고 우주 만물 역시 신이다"라는 사상이다. 따라서 우주 만물 안에 편재해 있는 신의 숫자가 무려 3,300만이 넘는다고 주장한다.

그들이 섬기는 우상은 무엇인가? 바로 자기 자신이다. 인간을 신으로 생각한다. 인간을 신으로 보기 때문에, 관심이 하나님께 있는 것이 아니라 인간 자신에게로 집중되어 있다. 인간을 신이라고 생각하기 때문에 자연히 자신도 신처럼 무한한 잠재력을 가졌다는 망상에 빠지게 된다. 이 잠재력만 계발하면 누구나 행복해질 수 있다는 망상에 빠진다. 그래서 뉴 에이지 운동에는 자기를 신으로 착각하게 만들려고 고안해 낸 여러 가지 방법들이 있다. 예를 든다면 최면술이나 마인드컨트롤, 강령술, 예언, 점성술, 요가 등이 그것이다. 이것이 인간에게 신이 된 것처럼 착각하게 만든다. 요즘 이 운동이 얼마나 무서운 속도로 번지고 있다. 소위 지성인이라고 자처하는 사람도 예외 없이 급속히 빠져들고 있다.

38

바울은 25절 끝부분에서 우상 숭배로 가득 찬 이 세상을 앞에 놓고 하나님을 소리 높여 찬양하고 있다. 우리에게는 오직 하나님만 계실 뿐이다. 다 같이 손들고 하나님을 찬송하지 않겠는가?

불의, 불의, 불의

로마서 1:26-32

 ## 마음의 문을 열며

지금 우리가 펴 놓은 말씀은 로마서 가운데 가장 부담스러운 내용이다. 이 말씀 안에는 우리 마음을 기쁘게 하는 구절이 하나도 없다. 처음부터 마지막까지 입에 담기조차 곤란한 죄의 목록이 줄줄이 나열된다. 복잡다단한 세상 속에서 정신적으로나 육적으로 시달리는 현대인에게는 분명히 피하고 싶은 내용임이 틀림없다. 신학자 에릭슨은 현대인에게 죄를 논하기 어려운 이유를 이렇게 말하고 있다. "죄는 죽음과 다를 바 없는, 유쾌하거나 즐거운 주제가 아니어서 사람이 들으면 마음에 거부감을 일으킨다. 또 많은 사람이 죄의 개념조차 잘 이해하지 못하고 있어서 자연히 죄에 대해 무관심하거나 죄의식을 잘 느끼지 않는다." 그럼에도 불구하고 우리는 이 말씀 앞에 앉아야 한다. 복음을 복음으로 받아들이기 위해서는 예수 밖에 있는 인간의 악하고 처절한 모습을 직시할 수 있어야 한다.

 **말씀의 씨를 뿌리며**

1 본문을 보면서 놀라움을 금할 수 없는 사실이 하나 있다. 그것은 선한 것이 하나도 언급되어 있지 않다는 점이다. 인간이 이토록 악한 이유는 무엇인가? 26절은 "이 때문에"라는 말로 시작한다. 25절을 가지고 '이 때문에'가 무슨 내용을 담고 있는지 정리해 보라. 그리고 결과적으로 인간이 하나님으로부터 얼마나 멀어졌는지를 28절 첫머리 말씀으로 설명해 보라.

2 하나님은 자기에게서 마음이 떠난 인간을 어떻게 하셨는가?(28절, 참고 / 롬 1:24, 26)

3 부모가 어린 자녀를 방치한다면 아이에게 잠깐의 자유와 즐거움을 줄지 모르지만 나중에는 큰 불행을 가져올 수 있다. 인간이 부패한 본성에 따라 정욕이 원하는 대로 무엇이든 자유를 누린다는 것은 가장 불행한 일이다. 그런데 세상 사람은 이 자유를 축복으로 착각한다. 당신의 생각은 어떤가?(참고 / 마 9:36)

4 부패한 인간한테서 나타나는 범죄의 말기 현상은 성적 타락이라고 할 수 있다. 26-27절에서 이 사실을 어떻게 폭로하고 있는가?

5 이런 성적 타락은 오늘날에도 심각한 사회 현상으로 나타나고 있다. 다음 글을 읽고 당신이 아는 실례를 들어 이야기해 보자.

바울이 활동하던 그 당시 로마 사회에는 귀족은 물론 노예에 이르기까지 구석구석에 유행병처럼 동성연애가 번지고 있었다. 로마 초기의 황제 15명 중 14명이 동성연애자였다는 충격적인 연구 자료도 있다. 당시 황제는 마음에 드는 처첩을 많이 거느릴 수 있었다. 그럼에도 그들이 비정상적인 성행위를 즐겼다는 것은 당시 로마 사회가 동성연애 같은 부자연스러운 성관계를 인정했다고 볼 수 있다. 동성연애는 로마 사회에만 해당되는 이야기가 아니다. 오늘날의 서구 사회만 봐도 동성연애가 심각한 사회 문제로 등장하고 있음을 볼 수 있다.

1989년 샌프란시스코의 한 가정법원에서는 동성연애자들이 부부로 호적신고를 하면 결혼증명서와 유사한 증명서를 발급해 주어 정상적인 부부와 똑같은 혜택을 누리도록 인정해 주었다. 동성연애를 법적으로 인정한 것이다. 그리고 1988년 캐나다의 연합교회는 동성연애자도 목사 안수를 받을 수 있도록 총회에서 법안을 통과시켰다. 더욱 기막힌 사실은 동성연애자들의 생활방식도 하나님이 주신 은사 중 하나로 볼 수 있다는 보고서가 제출된 것이다. 서구사회에서는 이제 교회마저도 동성연애자를 정상인으로 받아들여야 하는 추세가 되었다. 지금 우리 사회에서도 동성연애가 자리를 잡으며 목소리를 내고 있다.

6 성적 타락에 따른 인과응보의 법칙은 비교적 빠르게 나타나고 있다. 현대인을 공포로 몰아넣는 에이즈는 동성연애자들에게 내려진 처벌이라고 말한다. 에이즈 외에 당신이 아는 사례를 말해 보라. 그리고 27절에서 이 사실을 어떻게 말씀하고 있는지 살펴보라.

7 28절에서 말씀하는 "합당치 못한 일"에 대해 알아보자. 우선 하나님에게서 마음이 떠난 인간의 마음에는 어떤 것들이 가득 차 있는가? 왜 마음에 가득 찼다고 말하는가?(29절)

8 마음에 가득한 죄에 대한 간단한 설명을 읽고 그중 당신이 자주 걸려 넘어진다고 생각하는 악이 무엇인지 지적해 보자.

- ○ 모든 불의는 광범위한 악을 포괄하는 성경적인 용어다.

- ○ 추악은 악을 범하는 행동을, 악의는 그 밑에 깔려 있는 성품을 말한다(고전 5:8).

- ○ 탐욕은 더 많이 가지려는 터무니없는 욕망을 말한다.

- ○ 시기, 살인, 분쟁은 한통속에 든 죄라고 할 수 있다. 남을 시기하면 분쟁하게 되고, 서로 싸우다 보면 미워하게 되고, 미워하다 보면 살인까지 저지르는 경우가 허다하기 때문이다.

- ○ 사기의 어원은 고기를 낚기 위해 낚시에 다는 미끼를 가리키는데, 아주 간교하다는 뜻이다.

- ○ 악독은 의도적으로 행하는 나쁜 짓을 의미한다.

9 다음으로 수군거리는 죄로부터 무자비한 죄까지 12가지 죄의 목록이 기록되어 있다. 이 가운데서 당신이 아직도 종종 범하고 있는 죄가 있다면 몇 가지나 되는지 표시해 보자.

10 32절은 무서운 말씀이다. 인간 본성이 얼마나 어두워지고 뒤틀려 버렸는지를 단적으로 설명하고 있다. 내용을 쉽게 풀어 다시 정리해 보자. 여기서 우리가 명심해야 할 진리는 무엇이라고 생각하는가?

 ## 삶의 열매를 거두며

본문을 읽다 보면 묘한 느낌을 받게 된다. 마치 마귀가 나를 향해 손가락질하면서 26절 이하에 나오는 죄를 한 가지씩 지적하며 하나님께 고소하는 것처럼 느껴지기 때문이다. 그러나 이 처절한 절망 앞에서도 세 가지 은혜를 놓고 감사하게 된다. 첫째, 하나님을 싫어하는 부패한 마음을 예수 그리스도 안에서 새 마음으로 바꾸어 주신 은혜다. 둘째, 예수를 믿자마자 모든 죄를 무조건 용서해 주신 은혜다. 셋째, 예수 믿은 뒤에도 여전히 악함이 남아 있지만, 성령의 감화로 악을 범하지 못하게 막아 주시는 은혜다. 당신에게도 이런 감격이 있는가?

그래도 남보다 선하다는 사람

로마서 2:1-16

 ## 마음의 문을 열며

이미 1장에서 살펴본 대로 하나님은 사람이 얼마나 악한 죄인인지를 분명히 말씀하신다. 세밀하게 죄목을 들어가면서 증거하시고, 이 죄들은 사형에 해당한다고 선고하신다. 다시 말해 유죄가 확정된 것이다. 그럼에도 불구하고 지금 읽는 2장에서는 이 판결이 못마땅해서 승복할 수 없다고 항소하는 자들이 등장한다. 양심 있는 사람이라면 "주여, 나는 죽어 마땅한 죄인입니다"라고 깨끗이 무릎을 꿇어야 할 것이다. "어떻게 하면 구원을 얻겠습니까? 이 죄인에게 가르쳐 주옵소서"라고 부르짖어야 바른 자세다. 그러나 불행하게도 2장에 등장하는 자들은 그렇지 못하다. "내가 사형이라고요? 하나님, 너무 심하십니다"라며 하나님 앞에서 변명하고 있는 것이다. 우리 가운데도 혹시 비슷한 생각을 가진 자가 있는지 모르겠다. 성령이 우리 마음을 비춰 주시기를 바란다.

 **말씀의 씨를 뿌리며**

1 인간적인 눈으로 보면 참 선하다고 할만한 사람이 우리 주변에는 많다. 이런 자들에게 무조건 죄인이라고 말한다면 그들은 무척 불편해 할 것이다. 자신이 선하다고 여기는 사람은 죄 이야기를 해도 별로 놀라지 않는다. 자기 이야기가 아니라고, 자신은 해당 사항이 별로 없다고 생각하기 때문이다. 당신도 한때 이런 사람이 아니었는가?

2 남보다 선하다는 은근히 자부심을 가진 사람에게는 여섯 가지 특징이 있다. 첫 번째 특징은 남을 비판하려는 경향이 강하다. 그래서 1절에서는 "남을 판단하는 사람아"라고 부른다. 왜 은근히 남을 비판하는가? 자기가 그 사람보다 선하다는 것을 내보이고 싶기 때문이다. 비판함으로써 자신이 더 의롭다는 것을 과시한다. 그 사람과 비교하면 자기는 다른 점이 있다는, 즉 같지 않다는 우월감이다. 이런 점에서는 바리새인을 따라갈 사람이 없다. 그들의 눈에는 예수님도 옳은 사람이 아니었다. 창녀, 세리 등 자기 주변에 있는 모든 사람이 비판의 대상이었다. 그들은 모든 사람을 싸잡아서 비판하는 일에 익숙해져 있었다. 누가복음 18장 9-12절을 가지고 그들이 어느 정도의 사람이었는지를 살펴보라.

3 두 번째 특징은 자신이 범하는 죄에 둔감하다는 것이다. 그들은 왜 자기 죄에 둔감한가?(1, 3절, 참고 / 눅 16:15)

4 당신에게도 아직 남의 죄에는 민감하고 자기 죄에는 둔감한 모순이 남아 있지 않은지 솔직하게 말해 보라.

5 세 번째 특징은 자신의 형통이나 행복을 자신이 선해서 얻은 복으로 착각하는 것이다. 이것을 4절에서는 어떻게 말하고 있는가?

6 네 번째 특징은 자신의 선이 하나님 앞에 얼마나 무가치한지를 모른다는 점이다. 7절을 보라. '참고 선을 행한다' 는 말을 권위 있는 다른 번역본에서는 '인내하면서 하나님의 뜻을 행하면' 이라고 했다. 따라서 7절의 선이란 하나님의 뜻을 행하는 것, 즉 하나님의 말씀을 순종하는 것을

의미한다. 그렇다면 하나님의 뜻을 행하는 목적이 무엇인가? '영광과 존귀와 썩지 아니함을 구하기' 위해서이다. 여기서 '영광과 존귀와 썩지 아니함'이란 예수 믿는 하나님의 자녀에게 주겠다고 약속하신 하나님 나라의 모든 축복을 가리킨다. 따라서 자신이 선하다고 은근히 자랑하는 사람은 그 선이 하나님의 뜻을 행하는 것인지 검토해 보아야 한다. 당신은 지금 하나님의 뜻을 행하는 데 최선을 다하고 있는가?(참고 / 마 6:10, 7:21; 엡 5:17)

7 너무나 많은 사람이 선이 아닌 것을 자랑한다. 다음 내용을 읽고 느낀 점을 나누라.

1983년 미국에서 '올해의 아버지'라는 영광스러운 명예를 얻은 사람이 있었다. 그처럼 큰 나라에서 한 해에 한 사람을 뽑는 자리에 선발될 정도면 얼마나 그 생활이 선하고 의로워 보였겠는가? 그는 코도조도보수라고 하는 특이한 이름의 사람인데, 고아 18명을 입양해 키웠다. 얼마나 대단한가! 보통 사람이라면 아이 한 명도 입양하여 키우기 어려운데 18명이나 되는 남의 아이를 데려다 키웠으니 얼마나 의로운 사람이었겠는가! 사람들이 칭찬하는 것은 당연하다. 그러나 그 사람의 선은 하나님과 무관한 선이었다. 입양된 아이가 자라서 14~15세의 사춘기를 갓 넘기면 한 명씩 데려다가 자신의 성적 노리개로 삼았으며 결국 그는 체포되고 말았다.

사람이 자신을 선하다고 하는 것이 얼마나 가소로운 것인지 극단적인 예를 하나 들었다. 하지만 그렇지 아니한 경우라도 별로 다르지 않다.

칼뱅은 "성경을 보면 우리의 선행, 이것도 항상 불결한 것이 많다. 따라서 하나님은 당연히 우리의 선행을 보고 좋아하지 않고 불쾌하게 여기며 노하신다"라고 말했다. 또한 스펄전은 "인간의 선이란 무엇이냐? 그것은 자기 몸을 쭉 뻗고 눕기에는 짧은 침대와 같고, 자기 몸을 덮기에는 좁은 이불과 같다"라고 말했다.

8 다섯 번째 특징은 자기 양심을 속이는 것이다. 14절을 보라. 이방인은 유대인이 가진 율법을 받지 않았으므로 그것이 무엇인지 잘 모른다. 그럼에도 그가 살인을 하면 법을 어겼다는 죄책감이 든다. 이런 경우 가책을 받은 자기 자신이 율법의 구실을 하게 된다. 그 사람 안에 양심이 있기 때문이다. 양심의 가책을 받는 점에서는 유대인도 마찬가지다. 율법 없이 받는 가책이나 율법으로 받는 가책은 같다. 이 사실을 15절에서는 어떻게 설명하고 있는가?

9 여섯 번째 특징은 하나님의 심판이 얼마나 준엄한가를 모른다는 것이다. 하나님의 심판이 무엇인가?(5-6절, 참고 / 롬 2:11, 16)

당신의 선은 무엇인가? 이 시간 그것을 포기하기 바란다. 그리고 앞으로 가도 뒤로 가도 길이 없고, 우로 보아도 좌로 보아도 절망뿐인 죄인임을 하나님께 고백하기 바란다. 이 같은 진실한 고백이 당신의 중심에서 나올 때에야 비로소 피 묻은 예수님의 손이 당신을 끌어올리시고, 십자가를 보게 하시며, 하나님이 약속하신 저 하늘나라의 영광을 바라보게 한다. 당신은 이렇게 할 수 있겠는가?

유대인이라 불리는 네가

로마서 2:17-3:8

 **마음의 문을 열며**

유대인은 우월감이 지나친 나머지 세상 사람이 다 멸망당해도 자기 민족만은 구원받는다는 어처구니없는 교만에 빠져 있었다. 그러나 오늘 본문은 그들이 이방인보다 더 악한 죄를 짓고 있다고 지적한다. 우리는 이 시간 유대인의 죄가 무엇이며, 왜 그들이 하나님 앞에서 무거운 죄인이었는가를 살펴보려고 한다. 그들이 지닌 문제점을 검토해 봄으로써 그들을 통해 반사되는 우리 자신의 모습을 다시 한 번 발견하고 치료받는 시간이 되기를 바란다.

1 17절을 보면 "유대인이라 불리는 네가"라는 구절이 나온다. 이것은 유대인의 긍지를 꼬집는 말이다. 유대인은 이스라엘 백성을 가리킨다. 그들은 과거에 적국인 바벨론에 포로로 잡혀가서 70~80년 간 노예 생활을 했다. 그러다가 하나님의 은혜로 해방되어 고국으로 돌아왔고, 그 후부터 유대인이라고 불리게 되었다. 유대인은 칭찬 또는 찬송이라는 아름다운 의미를 담고 있다. 그러므로 지금 이 구절은 그들이 가진 좋지 못한 특권 의식을 지적하고 있는 것이다. 그들이 이렇게 우쭐거릴 정도로 대단하다고 생각한 것은 무엇인가?(17-19절)

2 17-19절의 내용은 설명이 필요하다. 다음 설명을 읽고 유대인이 이방인에 비해 얼마나 큰 은총을 입었는지를 정리해 보라. 그리고 지금은 이 모든 은총이 예수 믿는 우리에게 그대로 이양되었다고 할 수 있다. 왜 그런가?(참고 / 골 1:9-12)

"율법을 의지하며." 이 말씀은 율법에 기댄다는 뜻이다. 하나님의 특별한 보호를 받는, 가장 복된 민족이라는 사실을 지적하는 것이다.

"하나님을 자랑하며"는 오직 유대인만의 하나님이라고 자부하는 그들의 독선을 말합니다.

"율법의 교훈을 받아 하나님의 뜻을 알고"에서 율법은 특히 십계명을 가리킨다. 그들은 십계명을 배우면서 자랐으므로 하나님이 원하시는 것을 아는 데 남다른 영안을 가졌다.

"지극히 선한 것을 분간하며." 이 말씀은 선한 것을 분별하는 식견이 유대인에게 있다는 말이다.

"율법에 있는 지식과 진리의 모본을 가진 자로서"라는 말씀은 율법에 대한 해박한 지식으로 진리가 무엇인지 잘 파악하고, 그것을 실제적인 생활에 적용하는 능력이 있다는 것을 뜻한다.

3 율법을 가진 민족이라는 사실 때문에 유대인은 어떤 믿음을 가지게 되었는가? 하나님이 보시기에 그들은 어떤 문제를 안고 있었나?(20-23절)

4 겉과 속이 다른 유대인의 이중성에 대해 다음 사례를 읽고 당신에게도 비슷한 문제가 없는지 돌아보자.

유대인은 지난 수세기 동안 고리대금업으로 악명을 떨친 민족이다. 그들의 상술과 금전욕은 정말 지독해서 인정사정없이 악랄한 방법으로 재물을 긁어모으는 것으로 정평이 나 있다. 셰익스피어가 쓴 「베니스의 상인」 중에 나오는 샤일록 같은 인물이 바로 좋은 예라고 할 수 있다.

"우상을 가증히 여기는 네가 신전 물건을 도적질하느냐"(22절). 인류 역

사상 유대인만큼 우상숭배에 천부적인 소질을 가진 민족도 드물다. 그
들은 평소 하나님을 잘 섬기다가도 조금만 여유가 생기면 우상 쪽으로
눈길을 돌렸다. 이것이 구약에 기록되어 있는 유대 민족의 종교 역사라
고 할 수 있다.

그런 그들이 70년의 바벨론 포로 생활에서 해방되어 귀환했던 주전 538
년부터 시작하여 바울이 로마서를 기록하던 당시까지 약 600년 동안은
한 번도 우상숭배에 빠진 일이 없었다. 그렇다고 그들이 제대로 하나님
을 섬긴 것은 아니었다. 그들은 표리가 다른 이중적인 행동을 했다. 우
상숭배는 멸시했지만 돈을 벌기 위해 우상을 훔쳐 팔아먹었다. 그들은
직접 우상숭배는 하지 않았지만 이방인에게 우상숭배에 필요한 물건을
팔아 돈벌이하는 데 열을 올렸다.

5 24절에 나타난 유대인의 죄를 한마디로 말하면 종교적 위선이라고 말
할 수 있다. 중요한 것은 동일한 죄라도 유대인이 범할 때는 그 죄가 더
무겁다는 사실이다. 왜 그런가?(참고 / 마 23:23-28)

6 우리는 유대인의 모습을 통해 중요한 사실 한 가지를 명심해야 한다. 그
것은 순종이 따르지 않는 믿음은 죽은 믿음이라는 사실이다. 순종이 무

엇인가? 나 같은 죄인을 구원해 주신 하나님의 은혜가 너무나 고마워서 그 은혜에 보답하려고 애쓰는 태도가 아닌가. 다시 말해 순종은 은혜받은 자의 자연스러운 반응이다. 이런 의미에서 믿는 자는 반드시 순종하게 되어 있다. 참 믿음은 순종을 통해 그 진가를 발휘한다. 평소에 무엇이 당신의 순종을 방해하는지 구체적으로 적어 보라.

7 25-29절은 유대인이 끔찍이 귀하게 여기는 할례 문제를 다루고 있다. 그들은 할례를 너무 귀하게 여긴 나머지 잘못된 착각에 빠졌다. 할례만 받으면 무조건 구원받는 것처럼 오해한 것이다. 그들은 할례를 구원의 수단으로 간주했다. 그들이 쓴 글 중에 이런 내용이 있다. "유대인은 하나님 앞에서 개인 자격으로 심판을 받지 않는다. 국가적으로, 민족적으로 구원의 약속을 받았기 때문에 개인은 자동적으로 그 구원에 포함된다. 할례만 있으면 비록 죄인이라도, 순종치 않아도 아브라함의 혈통을 타고난 자손들은 천국을 상속받게 된다." 이런 그들의 생각은 왜 잘못인가?

○ 25절

○ 26절

○ 29절

8 우리 중에서는 세례를 할례처럼 여기고 세례가 구원을 보장하는 것으로 생각하는 사람은 없는가? 왜 이것이 문제가 되는가? 당신은 어떻게 생각하는가?

9 3장 3-8절을 읽으라. 이 말씀도 이해하기 어려운 성경말씀 중 하나로 꼽힌다. 그러므로 쉽게 풀어놓은 다음의 내용을 읽으라. 그리고 자기 잘못을 정당화시키려고 궤변을 늘어놓는 그들을 보면서 우리가 배워야 할 진리가 무엇인지 서로 이야기해 보라.

유대인 중 어떤 사람이 바울에게 이렇게 질문한다.

"당신 말대로 하나님의 율법을 순종하지 않아서 우리가 구원받지 못한다면 이것은 하나님이 우리와 약속하신 언약을 일방적으로 깨뜨리는 것과 무엇이 다르오? 할례 받으라고 할 때는 언제고 우리를 버릴 때는 언제요? 그런 하나님을 신뢰할 수 있다고 생각하는 거요?"

이에 바울은 다음과 같이 대답한다.

"하나님을 신뢰할 수 없다니 무슨 말이오? 당신이 순종하지 못한 죄 때문에 하나님이 당신을 버리신다면 그것은 그분을 신뢰할 수 있는 가장 좋은 증거일 거요. 죄를 적당히 봐 주는 하나님을 믿을 수 있겠소? 말도 안 되는 소리요. 다윗이 말하기를 하나님의 말씀은 어느 것이나 의롭지 않은 것이 없고 하나님의 판단은 어느 것이나 옳지 않은 것이 없다고 하지 않았소? 하나님은 항상 의로우신 분이오."

그러자 유대인이 또 질문한다.

"좋소, 당신 말을 들으니 우리의 불순종은 하나님의 의로우심을 드러내는 호기를 만들어 주었다는 말인데, 그러면 하나님 편에서는 잘된 것 아니오? 그런데 왜 우리를 향해 진노하는 거요? 우리가 죄를 지을수록 하나님은 더 의롭게 보일 것 아니오? 그런데도 우리를 죄인 취급하는 것은 말도 안 되는 소리요. 오히려 우리에게 공로상을 주어야 하지 않겠소?"

바울이 대답한다.

"그렇게 궤변을 늘어놓는 당신들이야말로 하나님의 정죄를 받아 마땅한 사람들이오."

 ## 삶의 열매를 거두며

우리는 예수 그리스도를 우리의 주인으로 모시고 살고 있다. 하나님의 말씀을 배우고, 아는 것만큼 살아 보려고 몸부림치고 있다. 그런데 솔직하게 말하면 우리에게는 온전하게 순종하지 못하는 고통이 있다. 어떤 때는 위선도 저지르고 때로는 형식주의자처럼 행동하기도 한다. 또 잘못된 것을 변호하려고 하나님 앞에서 이런저런 구실을 내놓기도 한다.

그러나 근본적으로 따지고 보면 우리는 자신이 죄인이라는 것을 긍정하는 사람이요,

아는 것만큼 실천하지 못한다는 것 때문에 부끄러움을 느끼는 사람이요, 말로만 떠들고 행동하지 못하는 데 대해 가책을 받는 사람이다. 어떻게 보면 우리 역시 유대인과 다름없는 이중인격자처럼 느껴진다. 그러나 우리한테는 이런 이중성을 극복할 수 있는 신비스러운 두 가지 묘책이 있다. 예수님 때문에 얻은 이것은 무엇인가?

ㅇ 로마서 8장 12-14절

ㅇ 히브리서 4장 16절

Lesson **9**

주여, 나는 죄인이로소이다

로마서 3:9-18

 ## 마음의 문을 열며

로마서 1장 17절을 시작으로 여러 시간을 통해 분명히 확인한 사실이 하나 있다. 그것은 하나님이 우리의 자존심에 상처 주지 않으려고 듣기 좋은 말씀만 한 것이 아니라는 사실이다. 오히려 우리를 고무시키거나 칭찬하는 말씀과는 거리가 먼 이야기만 하셨다. 마치 우리의 기분은 전혀 안중에도 없는 것처럼 냉정하고 엄하게 말씀하셨다. 우리를 사정없이 벌거벗겨 놓고 악한 것, 부끄러운 것만 지적하셨다. 하나님이 보시기에는 우리의 처지는 좋은 말을 듣고 있을 형편이 아니다. 병원에 갔는데 의사가 씩 웃으면서 "별거 아니에요. 이 약을 일주일만 드세요"라는 기분 좋은 말을 듣고 돌아올 때가 있다. 그러나 어떤 경우에는 제발 하지 말았으면 좋겠다고 생각했던 말을 들어야 할 때도 있다. 의사가 아무리 좋은 말을 하고 싶어도 할 수 없는 것은 우리의 병이 그만큼 심각하기 때문이다. 하나님도 비슷한 입장이라고 할 수 있다. 이 시간 우리가 함께 읽은 말씀 역시 듣기 싫은 내용으로 가득 차 있다. 이렇게 말씀하지 않을 수 없는 하나님의 심정을 한번 생각해 보라. 얼마나 답답하면 그렇게 하셨겠는가?

 **말씀의 씨를 뿌리며**

1 유대인, 헬라인 혹은 신자, 불신자 가릴 것 없이 사람이라면 하나님 앞에서 똑같은 죄인이다. 이 사실을 9절에서는 어떻게 말씀하고 있는가?

____

____

____

2 "죄 아래 있다"는 말은 대단히 중요한 진리를 담고 있다. 여기서 죄는 단수다. 죄들이 아니고 죄라는 말한다. 로마서에는 죄라고 하는 단수를 사용할 때와 죄들이라고 복수를 사용할 때의 의미가 다르다. 죄를 복수로 사용할 때는 우리가 흔히 범하는 여러 가지 악한 행위를 말한다. 한편 죄를 단수로 사용할 때는 보이지 않는 죄의 세력, 즉 죄의 실체를 가리킨다. 다음 구절에서 죄의 실체와 죄 아래 있다는 말의 의미를 살펴보자.

○ 에베소서 2장 2절

____

____

○ 디모데전서 6장 1절

____

____

3 죄의 세력을 없애지 못한다면 결코 사회적 범죄도 사라질 수 없다. 아무리 경찰 수를 늘리고 최첨단 장비를 들여서 범죄와의 전쟁을 선포한다고 해도 안 된다. 이것은 열이 나서 두통이 심한 사람의 이마에 얼음주머니를 얹는 일시적인 처방에 불과하다. 얼음주머니가 병 그 자체를 고

치지 못한다. 범죄를 없애려면 죄의 세력을 꺾어야 한다. 이것을 증명하는 좋은 예가 있으면 말해 보라(참고 / 롬 7:23).

4 10-18절은 구약의 구절들을 인용하여 연결해 놓은 말씀이다. 이 말씀에서 가장 먼저 알 수 있는 것이 인간의 무능함이다. 그 내용이 무엇인가?(11-12절, 참고 / 시 14:1, 3, 5)

5 "다 치우쳐 함께 무익하게 되고"(12절)라는 말은 우유가 상해 먹지 못하게 되었다는 뜻을 갖고 있다. 상한 우유처럼 우리의 영과 육이 잘못되었다는 것이다. "선을 행하는 자는 없나니 하나도 없도다"(12절)라는 말씀은 하나님이 정해 놓은 표준에 일치하는 거룩한 삶을 사는 자가 없다는 뜻이다. 어둠을 사랑할 수는 있지만 빛으로 나올 능력이 없다. 하나님께 나아갈 수 있는 자유는 있지만 하나님을 찾을 능력이 없다. 마치 날개가 꺾인 새와 같다. 날개 꺾인 새는 날 자유는 있지만 날지는 못합니다. 이것이 영적으로 무능해진 인간의 모습이라고 할 수 있다. 우리는 과거에 이 같은 영적 무능을 알지 못했다. 그래서 누군가가 전도를 하면 자주 하는 소리가 있었다. 그것이 무엇인지 한번 기억해 보라.

6 두 번째로 인간의 부패에 대해 지적한다. 인간이 어느 정도로 부패했다고 성경은 말하는가?(13-15절, 참고 / 시 10:7, 140:3; 사 59:7-8; 렘 17:9; 마 12:34)

7 부패한 마음은 말뿐만 아니라 행동까지 더럽게 만든다. "그 발은 피 흘리는 데 빠른지라"(15절). 이것이 꼭 살인만을 이야기한다고 생각하면 안 된다. 이웃을 향해서 해를 끼치는 모든 언동을 가리킨다. 너와 나의 관계가 살벌해졌다는 말이다. 그 결과 사람은 서로 경쟁 관계에 놓이게 되었다. 다른 사람을 이해하거나 서로 사랑할 능력을 잃어버렸다. 따라서 "그 발은 피 흘리는 데 빠른지라"라는 말은 죄로 부패한 인간의 행동 성향이요, 태도라는 것을 알 수 있다. 당신은 이 같은 인간의 부패성을 시인하는가? 언제부터 이 사실을 분명히 알게 되었는가? 그 이전에는 어떤 생각을 가졌는가?

8 세 번째로 인간의 절망에 대해 지적한다. 인간이 얼마나 절망적이라고 말하고 있는가?(16-18절, 참고 / 히 9:27)

9 우리가 예수를 바로 믿고 올바른 믿음을 갖기 원한다면 첫 번째 단계를 통과해야 한다. 그것은 자기 자신을 바로 아는 것이다. 칼뱅은 "우리가 우리 자신을 바로 알면 자기 자신을 믿지 않게 된다"고 했다. 자기를 포기할 정도로 자기 자신을 정확하게 아는 것, 이것이 예수 앞으로 나오는 데 필수 요건이요, 믿음을 바로 갖기 위한 절대 요건이요, 우리가 믿음 생활 하기 위한 불가분의 요소다. 세상에는 두 가지 죄인이 있는데, 하나는 내가 죄인이라고 하는 죄인이요, 둘째는 내가 의인이라고 하는 죄인이다. 교회에서 보면 자기 자신을 성경이 가르치는 대로 정확하게 알고 있는 자들이 많지 않다. 입으로는 죄인이라고 하지만 내용은 비어 빈 종교적인 상투어에 지나지 않는다. 왜 이런 사람이 많은가? 당신도 그 중의 하나가 아닌가?

 **삶의 열매를 거두며**

다음 글을 읽고 당신은 어느 정도로 자신에 대해 절망을 하는 자인지, 그리고 절망을 할 때 따르는 은혜가 무엇인지 이야기해 보자. 당신도 이런 은혜를 체험한 사람이라고 말할 수 있는가?

◆◆◆

우리에게 소망이 있다면 한 가지밖에 없다. 그것은 나 자신에 대해 철저하게 절망하는 것이다. 우리가 자기 자신에 대해 철저하게 절망할 때 비로소 하나님의 구원의 손이 우리 영혼을 향해 임한다.

70년대 이종용이라는 인기 가수가 있었다. 그는 '너', '겨울 아이', '바보처럼 살았군요' 등의 히트곡을 불렀다. 그가 대마초 사건으로 감옥에 들어가 3개월가량 징역을 사는 동안에 어느 사형수로부터 전도를 받았다. 그는 사형수의 진지한 전도에 감동받아 예수님을 영접했다. 그때 사형수가 "당신은 곧 나가게 되겠지요. 나가면 내가 세상에서 예수님을 위해 못다 한 몫까지 다해 주세요"라고 말했다. 이종용 씨는 대마초 사건으로 감방에 들어갈 때만 해도 자신은 아주 착한 사람이라고 생각했다. 그러나 사형수 앞에서 예수님에 대해 이야기 들으면서 비로소 자기가 얼마나 추악한 죄인인가를 알게 되었다.

이렇게 자신에 대해 절망하게 나서야 비로소 하나님은 그를 모든 악과 고통에서 건져내셨다. 대마초에서 해방된 것이다. 출감 후 그는 신학을 공부하였고 지금은 미국에서 목회를 하고 있다. 왜 사형수가 판사보다 구원받기 쉬운지 알고 있는가? 사형수는 자신에 대해 절망한 사람이기 때문이다. 왜 감방 밖에 있을 때보다 그 안에서 예수 믿기가 더 쉬운지 알고 있는가? 감방 안에 들어가면 자신에게 절망할 가능성이 그만큼 더 크기 때문이다.

새로 열린 구원의 길

로마서 3:19-26

 ## 마음의 문을 열며

지금까지 우리는 여러 시간을 통해 예수님 없는 인생이 얼마나 절망적인가를 배웠다. 그것은 죄인이라는 상태에서만의 절망에 머물지 않는다. 우리 스스로 그 죄를 처리할 능력이 없다는 데서 절망은 더 커진다. 결국에는 우리 힘으로 구원받을 만한 가능성을 전혀 찾을 수 없다는 데서 그 절망은 절정에 이른다. 그렇다면 하나님은 이런 우리의 절망을 보고 어떤 생각을 하실까?

지금부터 살펴보게 될 말씀을 통해 하나님은 사랑이 풍성하신 분임을 알게 될 것이다. 에스겔 선지자가 기록한 것처럼 "내가 어찌 악인이 죽는 것을 조금인들 기뻐하랴"(겔 18:23)고 반문하시며 죄에 빠진 인간을 구원하려고 밤낮을 가리지 않고 일하신 하나님을 보게 될 것이다. 이 시간 자비로우신 하나님을 찬양하는 심정으로 말씀을 배웠으면 좋겠다.

 **말씀의 씨를 뿌리며**

1 그동안 하나님이 허락하신 구원의 길은 율법을 행하면 산다는 것이었다. 다시 말해 하나님이 인정하는 선을 행하면 구원하신다는 것이다. 그러나 수천 년을 통해 하나님이 얻으신 결론은 사람이 율법을 도무지 지킬 수 없다는 것이었다. 율법은 선을 행하게 하는 것보다 오히려 역효과를 일으켰다. 19-20절에서 이 사실을 어떻게 말하고 있는가?

____

____

____

2 우리가 율법을 가까이 할수록 죄의식을 더 느끼게 된다. 사실 우리가 율법을 몰랐을 때는 하나님이 원하시는 것이 무엇인지 관심조차 없었다. 그러나 율법을 알고 나서부터는 하나님이 원하시는 순종을 하려고 노력하게 되었다. 하지만 이를 통해 우리가 배운 진리가 있다면, 노력할수록 더 안 된다는 것이었다. 이 사실을 뼈저리게 경험한 일이 있으면 말해 보자(참고 / 롬 7:9, 18-19).

____

____

____

3 다음 내용을 읽고 율법의 궁극적인 역할이 무엇인지 말해 보라.

율법은 하나님의 성품이 어떠하며 그분의 뜻이 무엇인지 가르쳐 준다.

율법은 그분이 얼마나 거룩하신가, 그분이 무엇을 원하시는가를 보여 준다. 가령 "거짓 증거하지 말라"는 율법을 예로 들어 보자. 거짓말이 왜 죄가 되는가? 우리는 하나님이 율법에서 거짓말하지 말라고 하셨으니까 죄가 된다고 생각한다. 옳은 말이다. 그러나 한걸음 더 나아가서 볼 수 있어야 한다. 즉 하나님 자신이 거짓말을 할 수 없는 분이므로 우리가 거짓말하는 것이 죄가 된다는 사실을 알아야 한다. 거짓말을 하면 거짓말을 할 수 없는 하나님께 대적하는 일이 되기 때문이다. 하나님의 거룩한 본성을 공격하는 것이므로 나쁜 것이다.

하나님이 우리를 구원하시려고 할 때 반드시 해결해야 할 딜레마가 하나 있었다. 그것이 무엇인가? 다음 내용을 참고하라(25-26절).

이미 죄로 인해 타락해 버린 인간 중에는 의인이라고는 없다. 따라서 우리를 구원하시려면 하나님께서는 죄인인 인간을 의인으로 받아 주셔야만 했다. 그런데 죄인을 의인으로 인정한다는 것은 하나님 본성으로서는 불가능한 일이다. 하나님은 거룩하고 공의로우신 분이다. 그분은 죄를 미워하신다. 하나님은 우리가 죄를 범하면 진노하시고 그 죄값대로 심판하겠다고 선언하셨다. 하나님이 자신의 의로움을 나타내 보이려면 마땅히 죄는 죄대로 벌하고 의는 의대로 보상하셔야 한다. 하나님이 죄인을 아무 대가 없이 의인으로 받으면 자신의 의로움에 손상을 입으시게 된다. 그러므로 하나님은 죄인을 의인으로 받으시되 자신의 거룩하심이 훼손되지 않는 조건이 필요하셨다. 죄인을 의인이라고 해도 자신은 여전히 의롭고 거룩하다는 것을 나타낼 수 있어야 한다는 것이다. 이 사실을 공정하게 증명하지 못하면 하나님은 더 이상 거룩하고 공의로우신 분이 아니다.

5 드디어 하나님은 율법과 자신의 거룩함에 저촉받지 않는 새로운 구원의 길을 내놓으셨다. 그것은 무엇인가?(21-22절)

6 22절을 외우라. 그리고 그 내용을 쉬운 말로 풀어서 적어 보라. 이 말씀이 세상에서 가장 기쁜 소식, 즉 복음이 될 수 있는 이유는 무엇인지 네 가지 사실을 들어 설명해 보라.

7 23절은 지금까지 우리가 살펴본 1장 17절부터 3장 18절까지의 내용을 결론적으로 요약한다는 점에서 매우 중요하다. "모든 사람이 죄를 범하였으매." 여기서 동사는 과거형이다. 아담의 범죄를 가리킨다고 볼 수 있다. 그가 죄를 지음으로 말미암아 모든 인간은 죄인이 되었던 것이다.

그러나 단순히 그것만을 가리키는 것은 아니다. 원죄로 인해 그 후에 뒤따르게 된 모든 죄까지 포함한다. 당신은 이 엄청난 사실을 인정하는가? 인정한다면 이것이 당신의 인생관에 어떤 영향을 미쳤는가?

8 범죄로 말미암아 하나님의 영광에 이르지 못하게 되었다고 하는데, 그 의미가 무엇이라고 생각하는가? 다음 내용을 참고하라.

죄를 범하자마자 아담과 함께 우리는 모두 이 영광을 잃게 되었다. 하나님을 닮은 형상이 전부 망가지지는 않았지만 형편없이 손상 되었다. 하나님과 교제하는 특권을 빼앗긴 채 에덴동산에서 쫓겨났다. 하나님을 영화롭게도 아니하고 경배하지도 않는 악한 동물이 되고 말았다. 이 때문에 온 우주 만물을 통치할 수 있는 통치권자로서의 위신도 깎이고 말았다. 우리가 사는 세상은 '실낙원'으로 바뀌었다. 맹수들의 위협과 천재지변의 공포와 죽음과 질병 등이 주는 온갖 종류의 고통을 안고 하루하루를 살아야 하는 운명으로 바뀐 것이다. 이 모두는 우리의 죄 때문에 빚어진 결과다. 다시 말해 하나님의 영광에 이를 수 없는 비참한 운명이 된 것이다.

9 22절에서 의롭다 함을 얻기 위해서는 예수 그리스도를 믿어야 한다고
말씀한다. 하필이면 왜 예수를 믿어야 하느냐는 의문이 생길 수 있다.
그 대답을 24절에서 찾아보라.

 **삶의 열매를 거두며**

오늘 본문에는 우리가 영혼의 양식으로 삼아야 할 중요한 말씀이 있다. 24절의 "하나님의 은혜" 라는 것이다. 은혜라는 단어는 신약성경에 155번 나온다. 그 가운데서 100번 이상을 바울이 사용했다. 로마서에는 은혜라는 단어가 무려 24번이나 나오는데 단일 성경 중 가장 많이 사용된 것이다. 은혜는 '기쁨 혹은 기쁨을 일으키는 것' 과 '기쁨을 주는 것' 이라는 뜻이 있다. 그러므로 은혜란 복음을 한마디로 요약한 말이라 해도 과언이 아니다. 받은 은혜가 크면 클수록 기쁨도 더욱 커진다. 하나님의 은혜를 생각하면 할수록 우리의 감격은 더욱 커진다. 다음의 글을 읽고 당신에게도 이런 은혜로 말미암은 구원의 감격과 기쁨이 넘쳐나는지 이야기해 보라.

존 번연의 『천로역정』은 성경에 버금가는 고전이라고 할 수 있다. 그러나 이 책 주인공의 본명을 아는 사람은 그다지 많지 않다. 천로역정의

주인공 이름은 크리스천이다. 한편 그의 원래 이름은 무엇인지 알고 있는가? 영어로 표기하면 'Gracelessness', 한국어로 말하면 '은혜 없음'이라는 뜻이다. 우리 역시 마찬가지다. 우리의 원래 이름은 은혜 없음이다. 그러나 우리는 예수님을 믿고 구원 얻은 뒤로 이름이 달라졌다. '은혜 있음'이 되었다. 예수 모르면 은혜 없이 사는 자요, 예수 믿으면 은혜로 사는 사람이다. 존 번연이 십자가의 은혜를 소재로 해서 지은 시가 있다. 매우 감동적인 내용이라 소개한다.

하나님의 아들인 당신은 당신의 겸손으로 은혜가 무엇인지 확증하셨습니다.
은혜가 당신을 비천하게 하고 모욕당하게 했습니다.
은혜가 당신으로 하여금 형언할 수 없는 죄의 짐을, 눈물의 짐을, 하나님의 저주의 짐을 지게 했습니다.
오! 하나님의 아들이시여
은혜는 당신의 모든 눈물 속에 있었습니다.
은혜는 당신의 옆구리에서 흐른 당신의 피와 함께 흘러나왔습니다.
은혜는 당신의 부드러운 입술의 모든 말씀과 함께 다가왔습니다.
은혜는 채찍으로 맞은 당신의 그곳에서, 가시로 찔린 당신의 그곳에서 그리고 못으로 박힌 당신의 그곳에서 나타났습니다.
바로 여기에 진정한 은혜가 있습니다.
천사들을 경탄케 한 은혜, 죄인들을 복되게 한 은혜, 마귀들을 놀라게 한 은혜.

자랑할 데가 어디냐

로마서 3:27-31

 ## 마음의 문을 열며

지금 우리가 펼쳐 놓은 말씀에는 중요한 질문 한 가지가 담겨 있다. "그런즉 자랑할 데가 어디냐?"라는 질문이다. 그리고 이 질문에 대해 "있을 수가 없느니라"는 단호한 대답이 나온다. 이 질문과 대답이 오늘 말씀의 핵심이다. 로마서를 처음부터 끝까지 주의 깊게 읽어 보면 인간이 하나님 앞에서 자랑할 것이 하나도 없다는 사실을 깨우쳐 주기 위해 많은 지면을 할애하고 있음을 알게 된다. 만약 우리가 오늘 이 시간에 읽은 말씀을 바로 깨달을 수만 있다면, 로마서 전체 내용을 거의 절반은 터득했다고 해도 과언이 아닐 것이다.

1 자랑은 그 뿌리에 교만이 있다. 교만은 하나님이 가장 미워하시는 것 가운데 하나다. 위대한 설교자 스펄전은 하나님이 교만을 얼마나 싫어하는지 실감나게 표현했다. "하나님이 다른 죄는 손가락으로 다루지만 교만은 팔을 걷어붙이고 다루신다. 탐심에 대해서는 무서운 심판을 내리지만 교만에 대해서는 열 배로 더 무거운 심판을 내리신다." 당신은 은근히 무언가 나은 것이 있어서 구원받게 되었다고 자랑하는 사람이 아닌지 생각해 보라. 그래서 무의식적으로 교만할 때는 없는가?(참고/벧전 5:5)

2 구원은 값없이 주시는 하나님의 선물이다. 다시 말해 믿음으로 말미암아 구원받는다. 사람에게는 자랑할 구석이 조금도 남아 있지 않다. 그래서 하나님은 누구든지 자랑할 수 없도록 세 가지 안전장치를 해놓으셨다. 다음 구절에 나와 있는 세 가지 질문으로 그것이 무엇인지 살펴보라.

- 27절

- 29절

- 31절

3 첫 번째 안전장치는 인간이 자랑할 모든 선행을 배제하신 것이다(27 절). 유대인들은 율법을 지키는 자신의 행위를 자랑할 수 있는 선행이라고 생각했다. 다음 내용을 읽고 나서 에베소서 2장 8-9절을 가지고 이들의 생각이 무엇이 잘못되었는지 말해 보라(참고 / 눅 18:11-12).

유대교의 어느 종파에서는 하나님의 율법을 지킨 내용을 상세하게 장부에 기록한다고 한다. 율법을 잘 지켰느냐, 못 지켰느냐 하는 것을 체크하기 위해서 주부가 가계부를 기록하듯이 조목조목 사항들을 기록한다. 다시 말하면 율법 조항으로 출납 장부를 만드는 것이다. 율법 조항을 지켰을 때는 수입 난에 기입하고, 지키지 못했을 때는 지출 난에 기입한다. 이것은 자신의 선행을 하나님이 인정해 주셔야 한다고 무언의 압력을 넣는 것이나 다름없다. 이것은 결국 하나님을 채무자로 만드는 짓이다. 자기 공로를 드러내기 좋아하는 유대인의 근성을 가장 잘 드러내는 예화다.

____

____

____

4 스트로맨이라는 연구원이 교회를 드나드는 청년 7천 명을 대상으로 연구 조사한 자료가 있다. 그 내용을 간단하게 소개하면, "당신이 하나님께 인정받으려면 무엇이 필요하다고 보십니까?"라는 질문에 응답자의 60퍼센트 이상이 선한 생활에 힘쓰는 것이라고 대답했다. 그 다음 "하나님이 만족하는 삶을 살기 위해서는 어떻게 사는 것이 좋겠습니까?"라는 질문에는 응답자의 70퍼센트 이상이 최선을 다해야 한다고 대답했다. 당신도 하나님 앞에 내놓을 무언가를 숨기고 있지는 않은가? 예를 들면 남다른 믿음이라든지 독실한 경건 생활 같은 것 등. 그러나 왜 이

런 것마저 자랑거리가 되면 안 되는가?

5 가톨릭에서는 선행과 구원을 수단과 목적의 관계로 본다. 선행은 수단
이요, 구원은 목적이다. 그러므로 그들은 구원받기 위한 목적으로 선행
에 힘쓰고 있다. 왜 그것이 잘못되었는가?(28절)

6 그렇다면 오직 믿음으로 구원을 얻는 복음을 믿는 우리에게 선행은 어
떤 의미라고 생각하는가?(참고 / 엡 5:8-10)

7 두 번째의 안전장치는 인간이 자랑할 수 있는 구원의 길을 다 배제하신
것이다. 그래서 하나님은 예수 외에는 어떤 구원의 길도 인정하지 않으
신다. 이 점을 29-30절에서는 어떻게 말하고 있는가?(참고 / 요 14:6; 행
4:12)

8 세 번째 안전장치는 인간이 자랑할 수 있는 모든 의를 배제하신 것이다.
하나님은 예수 그리스도 외에는 어떤 의라도 거부하신다. 31절은 이점
에 대해 어떻게 말하고 있는가?

9 예수만 믿으면 누구든지 율법을 굳게 세우는 자가 된다. 다시 말해 율법
을 완전히 지킨 자로서의 의를 인정받는다는 것이다. 왜 그런가? 이는
우리가 지키지 못하는 율법을 주님이 대신 순종하셨고, 우리 대신 십자
가에서 율법의 심판을 받으셨고, 율법에 있는 모든 예언을 완전히 성취
하셨기 때문이다. 그래서 하나님은 예수가 율법을 철저히 순종하고, 완
성한 그것을 통해 나타난 그의 의를 우리의 의로 인정하신 것이다. 이것
이 얼마나 엄청난 은혜인지 당신의 입으로 설명해 보라?(참고 / 마 5:17)

 **삶의 열매를 거두며**

찬송가 343장의 가사를 함께 읽고 느낀 바를 나누어 보라. 그리고 우리의 선
행을 인정치 않으시고, 오직 예수만이 구원의 길이 되게 하시고, 예수의 의
를 우리의 의로 인정하심으로써 우리가 아무것도 자랑하지 못하게 하신 것
이 왜 은혜가 되는지를 다시 한 번 정리해 보라.

일한 것도 없고 경건치도 못하는데

로마서 4:1-16

 ## 마음의 문을 열며

우리는 대부분 한두 번 들어서는 잘 기억하지 못하는 경향이 있다. 그래서 하나님은 교육학에서 말하는 반복 학습이라는 방법을 사용하신다. 반복 학습은 이해할 수 있을 때까지 반복하여 가르치는 것을 말한다.

로마서는 하나님의 반복 학습이 가장 잘 나타나 있다. 3장을 보면, "곧 예수 그리스도를 믿음으로 말미암아 모든 믿는 자에게 미치는 하나님의 의니 차별이 없느니라"(22절), "그러므로 사람이 의롭다 하심을 얻는 것은 율법의 행위에 있지 않고 믿음으로 되는 줄 우리가 인정하노라"(28절)와 같이 동일한 내용을 두세 번 반복해서 말씀하신다. 그리고 이 시간 배우게 될 4장에서도 같은 내용이 언급되고 있다.

믿음으로 의롭다 함을 얻는 은혜는 세상에서 가장 중요한 진리이므로 우리는 몇 번이고 듣고 배워야 한다. 성경의 인도하심을 간구하면서 말씀에 귀 기울여 보자.

 **말씀의 씨를 뿌리며**

1 당시 유대인 중에는 예수를 믿어야 구원받는다는 이야기를 듣고 이렇게 말하는 사람들이 있었다. "구약의 우리 선조들은 율법을 지켜서 구원받았어. 그런데 믿기만 하면 된다니 그게 말이나 되는 소리야?" 하지만 이들이 몰랐던 사실이 하나 있었다. 그것은 이들의 선조가 율법 때문에 구원 얻은 것이 아니고 믿음으로 구원 얻었다는 사실이다. 이 사실을 증명하기 위해 바울은 그들이 가장 자랑스럽게 여기는 아브라함과 다윗을 예로 든다. 아브라함은 선한 행위로 구원받지 않았다. 이 사실을 어떻게 말씀하고 있는가?(1-3절)

2 창세기 15장 1-7절을 통해 볼 때 아브라함이 무엇을, 어떻게 믿어서 의인으로 인정받을 수 있었는가?

3 아브라함이 믿음으로 의롭다 함을 받은 그때는 예수님이 탄생하시기 2천여 년 전의 일이다. 그런데도 그가 아직 나지도 아니한 예수, 수천 년 후에 오실 그 예수를 내다보고 믿었다고 할 수 있을까? 요한복음 8장 56절을 읽고 대답해 보라.

4 아브라함은 할례로 의롭다 함을 받은 것이 아니었다. 아브라함은 그가 의롭다 함을 받고 나서 14년이 지난 뒤에 할례를 받았다. 그러므로 할례는 그를 의롭게 한 것이 아니고 이미 의롭다 함을 확인하는 의식에 지나지 않았다. 이 점에 대해 9-11절은 무엇이라고 말하는가?

5 구약 시대의 할례는 오늘날 우리가 사는 신약 시대의 세례에 비유할 수 있다. 세례는 죄 사함 받은 것을 확증하는 것이다. 그럼에도 우리 중에는 세례받은 것이 구원을 받을 수 있는 절대 요건인 것처럼 생각하는 자들이 있다. 왜 이것이 잘못된 생각인가? 이에 대해 로마 가톨릭 교회에서는 어떻게 주장하는지 알고 있는가?

6 또 한 가지, 아브라함은 율법을 지킴으로 의롭다 함을 받지 않았다. 만약 아브라함이 율법에 있는 조항을 잘 지켜서 의인으로 인정받았다면 그는 당연히 율법 시대에 살았어야 논리에 맞는다. 그런데 창세기를 보면 아브라함이 살던 당시에는 율법이 없었다. 하나님이 율법을 주신 것은 아브라함이 믿음으로 의롭다 함을 받은 때로부터 430년이 지나고 난

후였다. 그런데도 유대인들은 자기 조상 아브라함이 율법을 잘 지켜서 구원받았다고 믿었으니 대단한 착각을 한 것이다. 13절에서는 무엇이라고 단호하게 선언하는가?

7 율법 시대의 인물이었던 다윗은 어떻게 의인으로 인정받았는가? 6-8절을 읽고 대답해 보라(참고 / 시 32편).

8 신구약을 통틀어 구원의 방법은 오직 하나뿐이다. 오직 믿음으로 의롭다 함을 받은 것이다. 구약에 있는 성도들이나 신약에 있는 성도들이나 다 믿음으로 의롭다 함을 받았다. 이 사실을 웅변적으로 말하고 있는 것이 히브리서 11장이다. 여기에는 믿음으로 구원받은 구약의 위대한 성도들이 열거되어 있다. 그중에 할례를 받지 않은 믿음의 선배가 아벨, 에녹, 노아 세 사람이고 율법을 모르던 시대에 살았던 성도가 일곱 사람이다. 또 율법을 받은 뒤에 살았던 성도가 여덟 사람 나온다. 그런데 이들을 모두 통칭하여 무엇이라고 말하는가?(참고 / 히 12:1-2)

9 아브라함과 다윗의 예를 들어 설명하던 하나님은 그것으로 안심할 수 없으셨는지 이어서 노동 법칙으로 다시 한 번 우리를 깨우쳐 주신다. 그 내용이 무엇인가?(4-5절)

 **삶의 열매를 거두며**

당신은 이신칭의의 은혜와 행복에 대해 알고 있는가? 다음 이야기를 읽고 각자 느낀 바를 나누어 보라.

『감옥 생활에서 찬송생활로』를 쓴 멀린 R. 캐로더스라는 목사가 있다. 1970년대 베스트셀러였던 이 책은 캐로더스 목사의 굴곡진 생을 잘 보여 준다. 그의 이력을 보면 "어떻게 이런 사람이?"라는 말이 나올 정도로 부끄러운 과거를 지녔다. 그는 감옥을 자기 집 드나들듯 했다. 다음은 그가 어두운 시절에 겪었던 이야기다.

감옥 생활을 하던 중에 가출옥 혜택을 입고 잠시 동안 자유를 누릴 때의 일이다. 감옥으로 다시 돌아가야 할 날짜가 가까워지자 마음이 무거워진 그는 가출옥 기간을 연기해 보려고 담당 검사를 찾아갔다. 검사에게 찾아온 용건을 말하자 그는 눈이 휘둥그레지면서 "당신은 아직도 사실을 모르고 있소?"라고 하더니, "멀린 캐로더스, 축하하오. 트루먼 대통

령이 당신을 특별 사면했소. 전과 기록이 말소되었으니 앞으로 행복하게 살기 바라오”라며 축하해 주었다. 캐로더스는 너무 기뻤다. 그가 예전에 전쟁터에서 세운 공적을 인정받아 특별 사면을 받았던 것이다. 실제 그의 범죄 경력은 다양했다. 그는 전과자, 포악한 공수대원, 유명한 도박꾼, 게다가 암시장의 거래꾼으로 유명했다. 그런데 그런 자신의 지난 공로를 인정받아 모든 죄를 용서받고 풀려난 것이다. 그러나 하나님의 자녀인 우리는 어떤가? 우리는 예수 보혈의 공로로 사면을 받는다. 우리의 공로는 필요 없다. 오직 예수를 믿음으로 의롭다 함을 받을 수 있다.

캐로더스 목사에 대해 좀 더 이야기하자면, 그는 할아버지의 강요로 처음 교회에 나갔다. 처음에는 마지못해 예배에 참석했지만 시간이 지날수록 그의 마음에 변화가 오기 시작했다. 마침내 그가 예수를 믿었다. 과거를 불문하고 믿기만 하면 의인으로 받아 주시는 하나님 앞에 드디어 무릎을 꿇었다. 그는 하나님의 은혜에 깊이 감격했다. 그 기쁨이 얼마나 충만했든지 그는 그 이후 전혀 다른 사람이 되었다. 그는 불법으로 모아 둔 막대한 현금과 수표가 들어 있던 돈 가방을 챙겨 들고 화장실로 달려갔다. 그는 가방을 열고 돈과 수표를 한 움큼씩 집어서 변기 속에 던졌다. 금세 가방이 텅 비어버렸다. 이때 그의 가슴속에는 형언할 수 없는 기쁨의 파도가 출렁댔다. 훗날 그는 이때를 회상하며 이렇게 고백했다. “돈뭉치가 변기 속에 던져질 때마다 내 가슴속에는 기쁨이 해일처럼 넘쳐흘렀다.” 드디어 그는 돈의 노예에서 해방되었다.

그를 수년 동안 나쁜 데로만 끌고 다녔던 돈의 손아귀에서 풀려난 것이다. 아귀다툼을 하며 매달렸던 정욕의 덩어리를 던져 버리자 놀라운 평화가 찾아왔다. 그의 마음이 세상의 것이 아닌 하늘의 것으로 충만해졌다. 그는 난생 처음으로 진정한 행복을 맛보았다. 이것이 믿음 하나로 죄 용서함을 받은 사람에게 찾아오는 하나님의 축복이다.

아브라함은 이렇게 믿었다

로마서 4:17-25

 ## 마음의 문을 열며

아브라함은 믿음으로 의롭다 함을 받은 대표적인 인물로 성경에 기록되어 있다. 다시 말해 모든 믿는 자의 조상이 된다는 말이다. 이런 의미에서 그의 믿음은 우리 모두가 추구해야 할 구원받는 믿음의 이상형이라고 할 수 있다. 우리는 오늘 본문을 통해 "네가 구원받기를 원하느냐? 아브라함의 믿음을 가져라"고 권고하시는 하나님의 음성을 들을 수 있다. 설교자들이 믿음이라는 주제를 다룰 때 아브라함의 믿음을 예로 드는 경우가 많은 이유도 이 때문이다. 도대체 아브라함이 어떤 믿음을 가졌기에 이렇게 인정받은 것일까?

 **말씀의 씨를 뿌리며**

1 최근 이삼 년 동안 구원받는 믿음의 문제를 놓고 복음주의 진영 내 성경 학자들 사이에서는 열띤 논쟁이 계속되고 있다. 다음의 글을 읽고 당신의 견해를 말해 보라(참고 / 눅 22:42-43; 딤후 4:10).

우선 제인 핫지스(Zane C. Hadges)라는 댈러스 신학교 교수는 요한복음 6장 47절 말씀을 인용하면서 단순한 믿음을 강조한다. "진실로 진실로 너희에게 이르노니 믿는 자는 영생을 가졌나니." 그는 이 말씀 중에 나오는 '믿는다' 는 말은 남녀노소, 빈부귀천, 식자 무식자를 막론하고 누구나 이해할 수 있는 단순한 믿음을 가리킬 뿐이라고 주장한다. 누구나 믿기만 하면 되는, 이 단순한 믿음을 도리어 복잡하게 설명하는 것은 오직 믿음으로 구원 얻는 진리를 혼탁하게 할 위험이 있다고 경고한다. 이 주장에 대해 맥아더(John F. MacAther) 목사는 마태복음 7장 21절 말씀을 인용하면서 반박한다. "나더러 주여 주여 하는 자마다 다 천국에 들어갈 것이 아니요 다만 하늘에 계신 내 아버지의 뜻대로 행하는 자라야 들어가리라." 그는 이 말씀대로 구원받는 참 믿음에는 반드시 회개와 순종이 따라야 한다고 주장한다.

2 아브라함이 가졌던 믿음은 '그럼에도 불구하고' 라고 말할 수 있다. 그가 이런 믿음을 고집한 근거는 무엇인가?(17-18절)

3 18-19절의 배경을 검토하면 두 개의 이야기가 같은 시대에 있었던 사건이 아님을 알 수 있다. 19절은 아브라함이 100세가 되었을 때의 이야기다. 반면에 18절은 그보다 약 20년 정도 거슬러 올라가서 아브라함이 80세 전후일 때 있었던 사건이라고 볼 수 있다. 그러면 인간적으로 생각할 때 세월이 흐를수록 그의 믿음이 약해져야 옳을 것 같은데, 그렇지 않은 것을 볼 수 있다. 이 점에 대해 당신은 어떻게 생각하는가?(참고 / 창세기 15장)

4 아브라함의 믿음은 일반적인 상식을 뛰어넘었다. 어떻게 보면 초자연적인 믿음으로 보이기도 한다. 19-21절을 세밀히 검토하면서 이 사실을 확인해 보라. 당신의 믿음은 아브라함의 믿음과 비교해서 무엇을 고쳐야 한다고 생각하는가?

5 다음 글을 읽고, 아브라함에게 하신 하나님의 약속을 통해 당신이 배워야 할 진리는 무엇인지 말해 보라.

하나님은 자신을 믿는 자들에게 철저히 신실하시다. 그분이 아브라함에게 하셨던 이 약속이 지난 수천 년의 역사를 통해 얼마나 놀랍게 성취되었는지 말로 다 표현할 수 없을 정도다. 하늘에 떠 있는 별들이 무색할 만큼 아브라함의 후손이 번창했다는 사실을 알 수 있다. 아브라함의 혈통을 받은 유대 민족만 해도 지난 4천 년 동안 이 세상에 얼마나 많이 태어났는가? 지금 이스라엘 민족은 약 1,500만 내지 2,000만 명이 살고 있다. 그뿐만이 아니다. 아브라함처럼 믿음으로 의롭다 함을 받은 그의 영적 자손들은 또 얼마나 많은가? 상상하기 어려울 정도의 숫자가 아닌가! 20세기만 해도 15~16억이나 되는 그리스도인이 세계 도처에 퍼져 살고 있다. 그리고 앞으로 이 세상에 태어날 유대인과 그리스도인이 얼마나 될지는 아무도 예상할 수 없다. "모든 민족으로 제자를 삼아라"고 하신 주님의 말씀에 비추어 볼 때 아마도 엄청난 사람이 아브라함의 후손이 될 것은 틀림없다. 이것을 보면 하나님이 하늘의 별을 가리키면서 "네 후손이 이와 같으리라"고 하신 약속은 절대 거짓이 아니다.

---

6 믿음으로 의롭다고 인정받는 은혜는 아브라함의 전유물이 아니다. 그 이유가 무엇인가?(23-24절)

7 하나님이 우리의 믿음을 의로 받아 주시는 근거는 무엇인가?(25절)

8 예수를 믿는 믿음은 그것이 크든 작든 엄청난 기적이다. 이 기적을 일컬어서 하나님의 은혜라고 한다. 우리가 예수 믿는다는 것은, 바랄 수 없는 중에 바라고 믿은 아브라함의 기적이 우리에게도 일어난 것을 의미한다. 비록 우리의 믿음이 나약할지라도 그 믿음을 과소평가해선 안 된다. 아무리 작은 믿음이라도 참 믿음이라면 그것은 최대의 기적이다. 바랄 수 없는 것을 바라게 하셨으니 하나님의 선물이요, 은혜가 아닐 수 없다. 당신은 이 사실을 인정하는가?

9 여기서 우리가 주목해야 할 게 하나 있다. 믿음이 성장하는 것은 하루아침에 되지 않는다는 사실이다. 창세기에 나오는 아브라함의 일대기를 주의 깊게 읽어 보라. 아브라함의 믿음이 약해질 때가 여러 번 있었다는 것을 발견할 수 있다(창 15:2-3, 16:1-2, 17:17-18, 18:12). 그럼에도 성경은 무엇이라고 말하는가? 믿음이 없어 의심치 아니하였고 나중에는 반드시 된다고 확신하는 자리까지 나아갔다고 한다. 아브라함에게 오랜 기다림의 과정이란 흔들리고 의심하는 시험과 자주 싸워야 하는 긴장의 나날이었지만 동시에 강한 믿음, 의심하지 않는 순수한 믿음을 만들어 가는 성숙을 향한 과정이었다고 할 수 있다. 당신은 신앙생활을 해오

면서 의심과 절망으로 말미암아 시험 받은 경험이 있는가? 그 시험으로
인해 당신의 믿음은 어떤 유익을 얻었는가?

 ## 삶의 열매를 거두며

다음 글을 읽고 느낀 바를 말해 보라.

일반적으로 믿음이 좋으면 의심하지 않는다고 생각하는 경향이 있다.
이것은 잘못된 생각이다. 의심하는 것 때문에 믿음이 없다고 말하는 것
역시 잘못이다. 이런 생각은 모두가 마귀의 속삭임이요, 꾐이다. 의심하
는 것과 믿는 것은 별개의 문제다. 믿음은 의심에서 완전히 해방되는 것
을 의미하지 않는다. 로이드 존스는 "어떤 의미에서는 자신의 의심을
극복하고 그 의심에 대해 대답하게 하는 것이 믿음이다"라고 말했다.
정말 공감 가는 말이다. 똑같은 햇살을 받더라도 진흙은 굳어지지만 왁
스는 녹아내린다. 이와 마찬가지로 여러 가지 시련을 당하는 과정에서
진짜 믿음은 점점 더 강해지지만 거짓 믿음은 왁스처럼 녹아 없어지고
만다. 참 믿음이란 아브라함처럼 믿기도 하고 의심하기도 하는 시련을
극복하는 데서 얻을 수 있는 것이다. 그런 과정을 거치면서 결국은 견고
하고 확신에 찬 믿음으로 성장한다.

당신은 하나님과 화평을 누리고 있는가

로마서 5:1-11

 **마음의 문을 열며**

오늘 본문은 로마서에서 가장 중요한 말씀 중의 하나다. 그만큼 의미가 깊고, 그 맛이 꿀 송이처럼 달다. 우선 처음 두 절을 마음으로 음미하면서 소리 내어 읽어 보라. 그러면 이 말이 지나치지 않다는 사실을 느끼게 될 것이다. 얼마나 따뜻하고 감미로운 말씀인가! 여기에서 우리는 의롭다 함을 받는 즉시, 날마다 맛보며 즐길 수 있는 하나님의 은혜가 무엇인지 배우게 된다.

 말씀의 씨를 뿌리며

1 성경학자들은 오늘 본문을 '이신칭의의 결과', '이신칭의의 열매', '이 신칭의의 확신'이라고 부른다. 우선 1-2절 말씀으로 구원받은 하나님의 자녀가 이 세상에서 받아 누릴 수 있는 세 가지 은혜가 무엇인지 말해 보라.

2 3-11절 말씀은 이 세 가지 은혜를 누리게 된 근거에 대해 설명한다. 먼저 하나님의 화평에 대해 살펴보라. 왜 우리 인간은 하나님과 반드시 화해 해야 하는가? 6, 8, 10절에서 적절한 대답을 찾아보라.

3 하나님과 화평한 관계를 맺으려면 하나님 편에서 우리를 의로운 자로 받아 주셔야 한다. 다시 말해 하나님을 진노하게 만든 죄를 씻음 받아야 한다. 이 문제가 어떻게 해결되었는가?(1절, 참고 / 롬 3:22)

4 믿음으로 의롭다 함을 받은 자가 하나님과 화해하고 그 마음에 천국의 평안을 누리기 위해서는 반드시 '예수 그리스도로 말미암아' 라는 조건이 필요하다. 왜 그런가?(9-10절, 참고 / 롬 4:25)

5 1절의 우리말 번역에는 "화평을 누리자"로 되어 있다. 이 말은 두 가지로 번역이 가능한데 '누리자' 혹은 '누리고 있다' 로 번역할 수 있다. 두 가지 다 상관없겠지만 굳이 택하라면 '화평을 누리고 있다' 를 택하는 편이 훨씬 자연스럽다. 왜냐하면 누구든지 예수를 믿으면 그 마음에 자연적으로 평화가 찾아오기 때문이다. 화평을 누리자 하면 좀 이상한 느낌이 든다. 마치 우리가 화평을 거절할 수도, 받아들일 수도 있다는 뉘앙스를 풍기기도 한다. 하나님과 누리는 화평은 원한다고 찾아오는 은혜가 아니다. 이것은 결코 선택의 문제가 아니다. 그러므로 예수 믿고 의롭다 함을 받으면 하나님과 더불어 화평을 누리는 것은 자연스러운 귀결이요, 당연한 권리다. 당신은 이 평안을 누리고 있는가?

6 솔직히 말해서 우리 주변을 보면 입으로는 하나님과 화목하다고 고백하지만 막상 그 평안을 누리느냐고 물으면 쉽게 대답하지 못하는 사람이 있다. 어느 때는 평안을 느끼지만 쉽게 그 평안이 깨어져 버린다고 실토한다. 나름대로 기도하고, 성경 읽고, 애 써 보지만 마음속에서 일어나는 갈등과 불안, 공포 등이 사라지지 않는다고 안타까워하는 형제

도 있다. 당신도 같은 문제로 고민하고 있지는 않은가?

7 만일 자신의 심령에 하나님과 화평을 누리는 평안이 별로 없다면 죄책
감이 남아 괴롭히고 있기 때문일지 모른다. 죄책감이란 과거에 범한 죄
로 말미암아 양심적으로 당하는 고통과 불안을 말한다. 회개를 수십 번
했고, 그 죄를 다시 반복하고 있지 않더라도 자주 불안이나 공포를 불러
올 수 있다. 이런 문제가 자신에게 있는지 조용히 살펴보라(참고 / 롬
7:23-24; 갈 5:1).

8 하나님과의 화평을 해치는 두 번째 요인으로 완벽주의를 들 수 있다. 완
벽주의는 믿음으로 의롭다 함을 얻었다고 하는 자기 안에서 자주 노출
되는, 옛 자아의 추태를 용납하지 못하는 버릇을 말한다. 원하는 만큼
거룩하고 싶은데 그렇지 못한 데서 오는 갈등은 마음의 평안을 빼앗아
간다. 믿지 않는 사람과 비교해서 별로 구별되지 않는 생각이나 말, 행
동을 하는 자신을 볼 때 구역질이 나는 것이다. 또한 습관적으로 자주
범하는 사소한 죄를 끊지 못해 괴로워하다가 결국은 자기 혐오증에 빠
진다. 이것은 자기와의 씨름이다. 당신에게는 이런 문제가 없는가?

 우리의 영적 평안을 빼앗아가는 죄책과 완벽주의는 예수의 의를 믿기
보다 나의 무엇을 더 믿으려는 불신앙의 잔영이라고 할 수 있다. 하나님
은 우리의 과거가 깨끗해서 의롭다고 하시는 분이 아니다. 하나님은 우
리가 완전하기 때문에 의인으로 취급하시는 것이 아니다. 단지 예수를
믿기 때문에 우리의 과거와 현재, 미래의 모든 죄를 단번에 사하시고,
동시에 우리를 의로운 자요, 완전한 자로 인정하시는 것이다. 그런데 우
리는 왜 과거의 죄에 매여 고통을 받는가? 왜 현재의 자기 모습을 혐오
하며 고통을 받는가? 다음의 글을 읽고 각자 느낀 점을 말해 보라.

부에노스아이레스 교회를 담임하고 있는 후안 카를로스 오르티즈 목사
는 그의 저서를 통해 널리 알려진 분이다. 그는 목회와 저술 활동을 하
는 동안 편두통으로 심하게 고생했다고 한다. 일주일에 두세 번씩 편두
통이 발작되면 정신착란을 일으키고 심지어는 졸도까지 했다. 강단에
서 설교하다가 편두통 때문에 기절해 병원으로 옮겨진 일도 세 번이나
있었다. 그래서 남미나 유럽, 미국 등 유명하다는 정신과 의사와 신경과
의사를 찾아다니면서 좋은 약을 먹고, 심지어 신유 은사를 받은 분들에
게 기도를 받기도 했지만 아무 소용이 없었다.

그러던 어느 날 골로새서 2장 13절 말씀을 읽다가 마음에 번쩍 은혜의 빛
이 비치는 것을 느꼈다. "우리의 모든 죄를 사하시고"라는 말씀 중에서
'모든' 이라는 말에 갑자기 그의 마음이 얼어붙었다. 그는 마음속으로 하
나님께 '주님, 이 말씀의 의미는 제가 아직 짓지도 않은 죄까지 다 용서
해 주셨다는 뜻입니까? 그러면 주님은 이대로의 저 자신을 받아 주신다
는 말입니까?'라고 질문했다. 그의 마음속에 하나님의 대답이 들려왔다.
"너는 설교자가 아니냐? 아직까지 그것도 모르고 있었느냐? 이 어리석은
자야." 그때까지 그는 예수 믿으면 모든 죄를 용서받는다는 것을 머리로
는 알았을 뿐 그 마음에까지는 닿지 못했던 것이다. 유명한 설교자요, 신

학 교수였지만 그때까지 하나님과 화평을 누리므로 얻는 기쁨은 잘 모르고 있었던 것이다.

오르티즈 목사는 때때로 자신의 언행심사가 마음에 안 들어 괴로워했다고 한다. '왜 나는 이럴까?' 라고 자책하는 날이 많았다. 성격도 형편없고, 과거의 죄를 생각하면 치가 떨리고, 현재의 허물을 생각하면 도무지 자신을 용납할 수가 없었다. 그래서 거의 날마다 자기 자신과 씨름하고 혈투를 벌였다. 그런데 하나님이 자신의 모든 죄를 용서해 주셨다는 말씀 앞에서 그의 마음에 주님의 음성이 들려왔다. "네 문제가 무엇인지 아느냐? 너는 지금 내가 용서하고 받아들인 너를 네 자신이 받아들이지 않고 있다. 내 아들 예수의 피가 나에게는 충분하고 만족스러운 것인데 그것이 네게는 불만족스럽다는 것이지. 내가 만족스러워하는 예수의 피가 너에게 불만족스럽다니 너는 대체 누구냐? 너는 나보다 더 거룩하냐?"

드디어 그는 자기를 용서하는 것이 행위와 상관없다는 것을 깨닫기 시작했다. 자신이 아무리 형편없어도 예수의 피로 충분하다는 것을 발견했다. 그는 더 이상 죄책감으로 갈등하지 않기로 했다. 더는 완벽주의로 괴로워하지 않기로 했다. 오직 십자가의 공로만 바라보기로 했다. 이 진리에 눈을 뜨자 그의 마음에 놀라운 평안이 찾아왔다. 그는 신비스러운 행복감에 흠뻑 젖었다. 그리고 이런 의미심장한 말을 했다. "나는 나 자신을 껴안아 주었다." 드디어 자기와의 싸움이 끝난 것이다. 3주 후 그의 편두통도 깨끗이 사라졌다. 그 이후로 편두통으로 다시 고생하는 일은 없었다.

하나님과 화평을 누리기 때문에 당신에게 어떤 변화가 일어났는가? 당신의 마음에, 가정에, 대인 관계에, 인생관 등에 일어난 변화를 말해 보라.

당신은 은혜의 보좌로 나가고 있는가

로마서 5:1-11

 ## 마음의 문을 열며

믿음으로 의롭다 함을 받은 하나님의 자녀가 세상에서 누릴 수 있는 은혜는 크고 놀라운 것이다. 이 시간에는 2절 말씀을 중심으로 하나님께 기도하는 자의 축복에 대해 살펴보고자 한다. 이처럼 험하고 더럽고 악한 세상 속에서 예수 믿는 우리가 누릴 수 있는 축복과 특권이 무엇이냐고 묻는다면 서슴지 말고 기도라고 대답해야 할 것이다. 하나님 앞에 기도할 수 있는 사람이 되었다는 것, 이것만큼 자랑스러운 일이 어디 있겠는가? 내가 할 수 없는 모든 것을 할 수 있도록 해주신다는 데 그것만큼 좋은 것이 어디 있겠는가? 이 시간, '기도 응답' 하면 "나를 보시오!" 라고 외칠 수 있을 만큼 축복을 누리는지 각자 한번 생각해 보라. 이런 점에서 오늘 본문은 대단히 중요하다.

 **말씀의 씨를 뿌리며**

1 믿음으로 의롭다 함을 받은 우리가 세상에서 누릴 수 있는 두 번째 은혜에 대해 2절은 어떻게 말하는가? 이 은혜에 들어감을 얻었다는 말씀은 무엇을 의미한다고 생각하는가?(참고 / 히 10:19-22; 마 6:6)

2 우리가 하나님의 은혜의 보좌 앞에 담대히 들어가도록 예수님은 자기 피로 그 길을 열어 놓으셨다. 8-11절에서 이 사실을 몇 번이나 반복해서 강조하는지 살펴보라(참고 / 벧전 3:18).

3 "믿음으로 서 있는 이 은혜"(2절)라는 말씀이 무슨 의미인지 다음 글을 읽고 깨달은 바를 적어 보라.

우리가 믿음으로 서 있는 이 은혜, 이것은 무엇인가? 이는 예수를 믿음으로 의롭게 된 우리의 신분을 영원토록 보장해 주시는 은혜를 가리킨다. 우리는 예수를 믿음으로 우리의 모든 죄에서 용서받았다. 이 용서는 일시적인 것이 아니므로, 불안해할 필요가 전혀 없다. 한번 용서받으면

영원히 용서받는 것이다. 이것이 우리가 지금 서 있는 은혜다. 우리는
예수를 믿음으로 의롭다 함을 얻은 의인의 신분이 되었다. 이 신분은 영
원히 변함없는 하나님의 선물이다. 우리는 바로 이 은혜에 서 있다. 믿
음으로 하나님의 사랑을 독차지하는 자녀가 되었다. 이것 역시 영원토
록 보장되는 행복이다. 우리는 지금 이 은혜에 서 있다. 이는 흔들리지
않는 은혜다. 만약 우리의 신분이 보장되지 않는다든지, 오늘은 용서받
았지만 내일은 어떻게 될지 모른다면, 우리는 불안해서 어떻게 하나님
앞에 마음 놓고 나가 기도하겠는가? 이러한 불안감과 의심을 가을바람
에 날려 가는 가랑잎처럼 쫓아 버리는 것이 우리가 믿음으로 서 있는 은
혜라는 것이다.

4 우리가 담대히 기도할 수 있는 이유는 예수를 믿음으로 의인의 신분이
되었기 때문이다. 기도 시간에 자신의 신분을 보장해 주는 은혜를 마음
껏 활용하고 있는가?(참고 / 엡 3:12; 히 4:16)

5 캐더린 마셜이라고 하는 유명한 기도의 영웅이 이런 말을 했다. "우리
가 기도 학교에 입학하려면 두 가지 질문에만 답을 쓰면 된다. 첫째는
'네가 꼭 필요한 것이 있느냐?' 라는 질문에 '예, 있습니다' 라고 쓰는 것
과 둘째는 '필요한 것을 도무지 네 힘으로는 얻을 수가 없느냐? 네가 그
렇게 무기력하다고 느끼느냐?' 라는 질문에 '예, 그렇게 느낍니다' 라고
답하면 된다. 그리고 나서 그 답안지를 들고 당당하게 예수 이름으로 하

나님 앞에 나아가면 된다." 나에게 꼭 필요한 것이 있을 때마다 그리고 내 힘으로는 도무지 해결할 수 없다고 생각할 때마다 당당하게 하나님 앞에 나갈 수 있는 것이 기도다. 그리고 담대하게 달라고 기도하는 것이 우리의 자세다. "주여, 좋은 것, 모든 것 주신다고 약속하지 않으셨습니까? 주십시오." 이것이 우리가 기도하는 태도다. 이런 의미에서 기도는 구걸 행위가 아니다. 그럼에도 우리는 당당하기 기도하지 못하는 경우가 자주 있다. 그래서 그동안 손해 많이 봤다. 그동안 당신이 본 손해는 어떤 것들이 있다고 생각하는가?

6 "만약 기도하지 않으면 일어날 수 없는 일이 기도하면 일어날 수 있는가?"라는 질문에 당신은 어떻게 대답하겠는가?

7 기도하지 않는 사람을 가장 이상하게 여기는 분이 하나님이다. "무엇이든 좋은 것은 다 줄 테니 언제든지 아쉬우면 아빠를 불러라"라고 아들에게 말했는데 아빠 앞에는 얼씬거리지도 않고 혼자 고생만 하고 있다면 아버지로서 이상하게 생각하지 않겠는가? 당신은 어떤가? 하나님이 당신을 보고 이상하게 여기지 않겠는가?

8 대궐 안에 들어가면 우리 하나님 아버지가 계신다. "천지에 있는 것이 다 주의 것이로소이다"(대상 29:11). 우리가 좋아하는 부(副)와 귀(貴)를 다 가진 우리 아버지가 계십니다. "여호와께 능하지 못한 일이 있겠느냐"(창 18:14). 무엇이나 마음만 먹으면 다 하시는 전능하신 하나님이 거기 계신다. "그리스도 예수 안에서 영광 가운데 그 풍성한 대로 너희 모든 쓸 것을 채우시리라"(빌 4:19). 우리에게 필요한 것은 언제든지 공급하고 채워 주실 우리 아버지가 거기 계신다. 들어가서 구하기만 하면 무엇이든지 주고, 좋은 것 주기로 약속한 아버지가 계신다. 당신은 요즘 어떻게 기도하는가? 그리고 얼마나 많이 응답받았는가?

9 마태복음 7장 9-11절을 보라. 하나님은 절대로 나쁜 것을 주시지 않는다. 돌이 아니라 떡을, 뱀이 아니라 생선을 주시겠다고 한다. 당신은 이 사실을 믿는가? 처음에는 돌인 줄 알았는데 나중에 보니 떡이었던 경험이 있다면 나눠보라.

다음에 소개하는 조지 뮐러의 이야기를 읽으라. 그리고 더 열심히 기도해야겠다는 결심을 새롭게 하라. 혼자 기도하기 어려우면 서로 힘을 합쳐 도울 수 있는 방법이 있는지 찾아보라.

약 1세기 전 인물로서 우리가 설교를 통해 자주 듣는 조지 뮐러라는 기도의 영웅이 있다. 그의 기록을 보면 일생 동안 2만 5천 번의 기도 응답을 받았다고 한다. 이것은 그가 은혜 받고 기도하기 시작한 20세 전후부터 80세가 넘기까지 매일 한 번씩 응답을 받았다는 말이나 다름없다. 그는 자기 돈 한 푼 없이 일생 1만 명 이상의 고아를 먹여 살렸다고 한다. 우리는 성탄절이나 연말에 한 명의 고아를 도와주는 일도 이리저리 계산하는데 어떻게 1만 명이 넘는 고아를 평생 먹여 살릴 수 있었을까? 또 그는 중국 선교지에 200만 권 이상의 성경과 300만 권 이상의 신앙 도서를 보냈다. 그리고 10만 명의 주일학교 학생을 평생 교육했다. 그래서 그를 잘 모르는 불신자들은 숨겨 놓은 막대한 재산이 있는 모양이라고 수군거리기도 했다. 조지 뮐러가 81세 때 신학교 특강 강사로 초빙되어 갔는데, 그때 신학생들이 돈 한 푼 없이 어떻게 일생을 그렇게 넘치도록 받아 일할 수 있었는지 비결을 물었다. 그러자 그는 앉아 있던 의자에서 일어나 무릎을 꿇은 채 의자에 팔을 기대고 기도하는 모습을 보여주면서 "이것이 나의 비결입니다"라고 했다. 똑같은 기도를 하는데도 어쩌면 그는 그토록 놀라운 응답을 받으면서 살았을까? 그래서 기도하면 조지 뮐러를 생각하게 된다. 또 그의 일대기를 읽을 때마다 '기도는 능력이 있구나, 기도는 참 놀라운 성도의 특권이구나, 기도의 응답은 정말 엄청나구나' 라는 것을 웅변적으로 전해들을 수 있다.

당신은 영광을 바라고 즐거워하는가

로마서 5:1-11

 ## 마음의 문을 열며

하나님은 우리 모두의 아버지시다. 그분이 우리가 어떻게 생활하기를 바라는지 생각해 본 적이 있는가? 오늘 우리가 펴 놓은 말씀을 보면 하나님은 우리가 어떤 형편에 처하든지 항상 기뻐하는 모습으로 살기 원하신다는 것을 알 수 있다. 하나님은 믿음으로 죄 사함을 받은 자기 자녀가 원망과 탄식으로 사는 것을 싫어하신다. 그러나 가없게도 하나님 앞에서 의인 대우를 받으며 사는 성도 중에도 하나님의 영광을 바라고 즐거워하는 기쁨을 모르는 자들이 많다. 세상의 하찮은 것들에는 마냥 웃고 떠들면서 하나님의 영광을 바라보며 기뻐하는 모습을 찾기 어렵다. 얼마나 큰 잘못인가? 이 시간 성령이 말씀으로 참된 기쁨을 알게 해달라고 기도하자.

 **말씀의 씨를 뿌리며**

1 우리가 읽은 말씀 가운데 2절 끝부분을 소리 내어 읽어 보라. "하나님의
영광을 바라고 즐거워하느니라." 이 말씀을 이렇게 다시 읽어 보라. "나
는 이 세상 사는 동안 하나님의 영광을 바라고 즐거워해야 한다." 그렇
다. 이것이 바로 하나님이 우리에게 원하시는 삶의 방식이다. 먼저 자신
의 모습을 정직하게 돌아보라. 당신은 이런 기쁨을 가지고 있는가?

2 하나님의 영광을 바란다는 말씀의 의미는 영광 중에 계시는 우리 주님
을 만나 뵙고 그와 함께 영광 누리기를 소망한다는 말이다. 주님의 영광
이 무엇이며, 이 영광을 바라고 즐거워해야 하는 이유에 대해 다음 구절
을 살펴 보라.

○ **누가복음** 22장 69절

○ **사도행전** 7장 55-56절

○ **로마서** 8장 17-18절

○ **요한복음** 17장 24절

3 우리가 잘 알다시피 인간은 범죄로 말미암아 하나님의 영광을 잃어버렸다. "모든 사람이 죄를 범하였으매 하나님의 영광에 이르지 못하더니"(롬 3:23). 우리가 범죄 한 다음부터 흙으로 빚은 우리 육체도 영혼과 함께 부패했다. 그런데 놀라운 사실은 이처럼 부패의 씨앗을 가진 우리 육체가 하나님을 만나 뵙는 순간 그분처럼 영광스러운 몸을 입게 된다는 것이다. 우리는 범죄로 말미암아 하나님의 영광을 잃어버렸지만 예수 그리스도는 우리의 영광을 다시 회복시키셨다. 그러므로 우리가 예수님을 다시 뵙게 되는 그날, 그분의 영광에 참여하기 위해 무엇보다 먼저 우리의 몸이 영광스러운 새 몸을 입게 될 것이다. 요한1서 3장 2절에서 이 사실을 확인해 보자. 당신은 새 몸을 입고 주님과 함께 누릴 영광을 바라고 소망하는가?

4 2-11절을 읽으며 '즐거워하다' 라는 단어에 표를 해보자. '즐거워하다'는 매우 강도가 높은 말이다. 이 말은 '기뻐 날뛰다', '으스대며 자랑한다' 는 의미가 있다. 기쁨의 정도가 얼마나 대단했으면 이렇게 강한 표현을 썼겠는가? 변화산에서 세 제자들이 주님의 영광을 접하는 순간에 보인 반응을 보면 실감나게 느낄 수 있다. 그들이 흥분하며 무엇이라고 말했는가?(마 17:4)

5 3절의 "이뿐 아니라"는 그 기쁨의 정도가 보통 이상이라는 것을 말해 준다. 어느 정도인가?

6 환난은 누구도 환영하지 않지만 하나님의 자녀에게는 특별한 의미가 있다. 하나님의 영광을 바라고 즐거워하는 사람은 비록 환난을 당하더라도 슬퍼하지 않고 오히려 기뻐하고 즐거워할 수 있다고 한다. 그 이유가 무엇인가? 주의 자녀가 당하는 환난에는 프리미엄이 따라오기 때문이다. 부가가치가 대단히 크다는 말이다. 주의 자녀가 환난을 당하면 인내하게 되고, 인내하다 보면 연단을 받게 되고, 연단을 받다 보면 하나님의 영광을 바라는 소망이 더욱 커진다. 환난을 모르고 지내던 평소보다 하나님의 영광이 더 크게 보인다. 하나님의 영광을 바라보는 믿음의 눈이 더 밝아져서 환난을 당하지 않는 사람이 맛볼 수 없는 독특한 기쁨을 체험하게 된다. 이것이 환난당하는 자에게 주시는 하나님의 프리미엄이다. 당신은 이 사실에 대해 어느 정도 공감할 수 있는가? 당신이 겪은 환난을 통해 이 사실이 진리임을 체험한 적이 있으면 이야기해 보자.

루마니아가 공산치하에서 한참 어려움을 당할 때 리처드 범브란트 목사는 14년 동안 감옥살이를 했다. 죄수가 독방에서 혼자 견딘다는 것은 죽는 것보다 더 고통스럽다고 한다. 그런데 범브란트 목사는 14년이나 버텼으니 이는 기적이 아닐 수 없다. '어떻게 살아남을 수 있었을까? 라는 궁금증이 생긴다. 범브란트 목사는 출옥한 뒤에 그 비결을 그의 책에 아름답게 고백했다. "감옥에서 보낸 햇수가 제게 길게 여겨지지 않았던 것은 홀로 독방에 갇혀 있으면서도 믿음이나 사랑을 넘어선 어떤 기쁨을 하나님 안에서 발견했기 때문입니다. 그 기쁨이란 이 세상 어느 것에도 견줄 수 없는 아주 깊고도 특이한 황홀경 같은 것이었습니다. 그래서 감옥에서 나왔을 때는 마치 수십 리에 뻗쳐 있는 평화롭고 아름다운 시골을 내려다볼 수 있는 산정에서 갑자기 평지로 내려온 것 같은 느낌을 받았습니다." 이 고백은 그가 감옥 안에 있으면서도 감옥 밖에서 지낸 사람보다 훨씬 행복하게 지냈다는 것을 알게 해준다. 그가 그런 행복을 느낄 수 있었던 이유는 환난을 통해 그 누구보다도 더 가까이에서 하나님의 영광을 보는 기쁨이 있었기 때문이다. 연단을 통해서 마음이 깨끗해지고 오로지 하나님만을 바라보는 눈이 열렸기 때문이다. 범브란트 목사의 고백은 환난 중에서 연단을 받는 자에게는 하나님의 특별한 은혜가 따라온다는 사실을 입증하는 좋은 예라고 할 수 있다.

8 5절을 보라. 하나님은 우리 마음에 자신의 사랑을 넘치도록 부어 주셨다. 성령이 우리 마음에 하나님의 사랑을 부어 주셨다는 말은 십자가를 통해 하나님의 사랑을 깨닫게 하셨다는 의미다. 우리는 예수 믿고 나서 이 사랑을 알게 된다. 성령이 어떻게 하나님의 사랑을 깨닫게 하고 풍성히 체험하게 하셨는가?(8절, 참고 / 요 16:13-14)

9 넘치도록 부어 주신 하나님의 사랑이 있기에 우리가 아무리 하나님의 영광을 소망하며 기뻐해도, 심지어는 환난 중에 죽어가면서 기뻐해도 부끄럽지 않다. 그 사랑 때문에 우리가 기대한 것 이상으로 우리를 영광스럽게 하실 것이 틀림없기 때문이다. 우리를 비웃던 원수들은 부끄러움을 당할 것이다. 이 사실을 5절에서 어떻게 표현하고 있는가? 그리고 당신도 이 사실을 확신할 수 있는가?

 삶의 열매를 거두며

다음의 글을 읽고 이제부터 의도적으로라도 기뻐하며 세상을 사는 사람이 되자. 그래도 기쁨이 없으면 믿음의 눈을 열어 하나님의 영광을 보게 해달라고 눈물로 기도하자. 지금 그런 각오가 되어 있는가?

유명한 기독교 변증가 C.S. 루이스는 "예수 믿는 사람에게 기쁨은 대문자로 표현할 수 있는 삶이다. 또한 진정으로 신뢰할 만한 기독교, 하나님을 영화롭게 하고 세상을 흔들어 놓는 기독교는 그 중심에 기쁨이 있다"라고 말했다. 왜 성도에게 기쁨이 대문자로 표시되는가? 대문자는 주목하게 할 때, 강조하고 싶을 때, 중요성을 나타내고 싶을 때 사용한다. 예수 믿는 우리가 이 세상 앞에 특별히 보여 줄 수 있는 것이 있다면 그것은 기쁨이어야 한다. 세상 것으로 좋아하는 기쁨이 아니라 하나님의 영광을 바라고 기뻐하는 그런 것이어야 한다.

아담 안에서 죽었고 예수 안에서 살았다

로마서 5:12-21

 ## 마음의 문을 열며

흔히 이 세상을 가리켜 고통의 바다라고 말한다. 70~80년이란 짧은 생을 살면서 허다한 문제를 안고 고통 속에서 허덕이다가 생을 마감하는 경우가 대부분이기 때문이다. 동서고금을 막론하고 인생을 논하는 지혜자들이 많은 연구를 거듭해 왔지만 여전히 해답을 찾지 못한 채 영원한 숙제로 남아 있는 문제가 너무나 많다. "인간은 왜 죄를 짓는가? 죽음은 어디서 왔는가? 구원의 길은 어디에 있는가?" 지금까지 어느 누구도 이런 질문에 명쾌하게 대답하지 못했다. 오직 한 분만이 이 문제에 명확한 답변을 주신다. 바로 우리가 믿는 예수 그리스도다. 그분을 통해 시원한 해답을 얻게 된 것에 감사해야 한다.

 **말씀의 씨를 뿌리며**

1 12절의 '한 사람'은 아담을 가리킨다. 본문의 내용은 아담과 우리와의 관계에 대해 무엇이라고 말하는가?

____

____

____

2 아담이 범죄하고 나서 받은 형벌은 무엇인가?(창 2:17, 3:19)

____

____

____

3 12절에서 '이와 같이'라는 말을 주의해 보라. '이와 같이'란 '이런 식으로'라는 뜻이다. 이 말씀은 아담 한 사람이 죄를 지었는데 이런 식으로 모든 사람이 죄를 지었다는 것이다. 그 결과 모든 사람에게 사망이 임했다는 것이다. 아담과 우리를 똑같이 취급한다는 것이다. 이것은 굉장히 받아들이기 어려운 논리다. 어떻게 '이와 같이'라는 논리가 성립될 수 있는가? 왜 아담에게 내린 형벌이 우리에게도 똑같이 내려져야 한다는 말인가? 이 같은 일방적인 말씀에 대해 당신은 어떤 생각이 드는가?

____

____

____

4 '모든 사람'은 전 인류를 가리킨다. 그리고 '죄를 지었다'는 말씀은 단순 과거 동사로 씌어 있다. 이는 현재 짓고 있는 죄나 장차 범할 어떤 죄를 말하는 것이 아니라 과거에 꼭 한 번 범죄한 사건을 가리킨다. 두말할 것 없이 그 범죄는 아담의 불순종을 가리킨다. 다시 말해 아담이 죄 짓는 자리에 우리도 함께 있었고, 공범자 노릇을 했다는 것이다. 이 사실을 12절과 19절을 비교하면서 다시 한 번 정리해 보자.

5 다음의 글은 원죄에 대한 설명이다. 당신은 원죄에 대해 어떻게 생각하는가? 특히 중생을 받기 전과 이후에 얼마나 달라졌는가?

성경에서 인간을 죄인이라고 하는 것은 무슨 악을 행했느냐, 아니냐 하는 문제와는 별개다. 그것은 행동 이전의 문제이며 숙명적으로 우리는 모두 죄인이라는 신분으로 이 세상에 태어났다. 그러므로 죄를 지어서 죄인이라기보다는, 죄인이기 때문에 죄를 짓는 자들이다. 왜 그런가? 우리 조상인 아담이 불순종했기 때문이다. 그가 죄를 지을 때에 우리도 함께 그 자리에서 죄를 지었기 때문이다. 이것을 신학적인 용어로 '원죄'라고 한다. 원죄는 사람이 받아들이기에는 몹시 꺼려지는 교리다. 파스칼은 그의 저서 『팡세』에서 이런 현대인의 심리를 정확히 갈파한다. "원죄는 인간의 눈으로 보면 매우 우스꽝스러운 것이다. 이성으로는 이것을 알 수 없다. 왜냐하면 이성에 위배되는 것이며 이성은 자신의 방법으로 그것을 생각해 낼 수도 없기 때문이다."

6 원죄는 우리가 이해를 하든 못하든 상관없이 부인할 수 없는 것임을 하나님은 어떻게 말씀하는가?

- O 14절

- O 15절

- O 17절

7 여기에서 말하는 '사망'은 육적 죽음과 영적 죽음을 포함하는 총체적인 죽음을 의미한다. 그리고 육신의 죽음은 영적 죽음을 나타내는 상징이라고 할 수 있다. 셰익스피어의 말이 옳다. "죽음을 제외하고는 아무것도 우리 것이라 부를 것이 없다." 우리에게 분명한 소유가 있다면 그것은 죽음이다. 그러나 문제는 사람이 육신의 죽음 뒤에 가려져 있는 영적 죽음, 즉 영원한 죽음을 두려워하지 않는다는 것이다. 영원한 죽음이란 무엇인가?(눅 12:5; 히 9:27)

8 아담 한 사람이 인류의 대표자로 지명 받았다. 하나님이 그에게 말씀하신 복과 저주는 인류 모두에게 주신 것이다. 예수님 역시 아담과 동일한 입장에 계신다. 이 사실을 14절 끝부분에서 무엇이라고 표현하고 있는가? 그리고 그 의미가 무엇이라고 생각하는가?(참고 / 고전 15:22)

9 예수님은 우리를 대신하여 순종하셨다고 한다. 주님의 순종은 능동적이고 자발적인 순종이었으며 우리를 위해 대신한 순종이었다. 얼마나 감격스운가. 이 은혜를 다음 구절에서 확인해 보자(19절, 참고 / 갈 4:4; 마 26:39).

다음의 글을 읽어 보라. 그리고 이 내용에 비추어 당신은 흔들림 없는 믿음을 가지고 있는지 말해 보라.

아담과 예수 그리스도는 얼마나 대조적인가? 아담은 우리를 죄인으로 만들었지만 예수님은 우리를 의인으로 만들었다. 그런데 우리가 이 둘을 놓고 어느 한쪽이라도 의심하면 안 된다. 만약 우리가 아담의 대표성을 의심하여 부정한다고 하자. 그러면 논리적으로 예수 그리스도가 우리의 대표가 되고 그분의 의가 우리에게 전가되었다는 것을 받아들일 수 없게 된다. 다시 말해서 아담과 우리의 관계를 의심하면 예수 그리스도와의 관계도 의심해야 한다는 말이다. 아담의 범죄가 후손인 우리에게 정죄와 죽음이라는 확실한 결과를 가져왔듯이 그리스도의 순종은 믿음의 자녀 된 우리에게 칭의와 영생이라는 확실한 결과를 가져온 것이다. 아담 안에서 우리에게 일어난 일들이 사실인 것처럼 그리스도 안에서 일어난 모든 것이 사실인 것을 믿어야 한다. 이것은 공식과 같다. 아담 안에서 죽었는가? 예수 안에서 살았는가? 한쪽이 확실하면 다른 한쪽도 확실하다. 우리는 이 사실을 반드시 믿어야 한다. 그래야 산다.

더욱 넘치는 은혜

로마서 5:12-21

 ## 마음의 문을 열며

지난 시간에 우리는 인류의 시조인 아담이 장차 오실 예수 그리스도의 표상이 된다는 사실에 대해 배웠다. 아담은 전 인류의 머리요, 대표가 된다. 반면에 예수 그리스도는 믿음으로 구원받은 하나님 백성의 머리요, 대표가 되신다. 우리는 불순종한 아담 안에서 함께 죄를 짓고 죽었다. 그러나 온전히 순종하신 예수 안에서 우리는 의인으로 인정받고 살아났다. 이 위대한 복음을 깨닫는 자마다 어찌 그 가슴에 감격이 넘치지 않겠는가? 그러나 우리는 아담과 예수 그리스도의 관계를 단순히 일대일이라는 대칭 관계로만 이해하고 넘어가서는 안 된다. 예수 그리스도와 아담을 평행선상에서 보는 것으로 만족해서는 안 되는 이유가 있다. 예수 그리스도에게는 아담한테서 찾을 수 없는 그 이상의 것이 있기 때문이다.

1 15-16절에서 "같지 아니하니"라는 말의 내용은 무엇인가?

2 오늘 본문에서 '은혜'와 '은사', '신물'은 동일한 의미를 가진 딘이로 보아도 좋다. 하나님이 우리에게 한없는 사랑을 베풀어 주셨는데 이것이 은혜요, 은사인 것이다. 그리고 은혜 안에 들어 있는 구체적인 내용을 선물이라고 할 수 있다. 12-21절 사이에서 은혜와 은사, 선물이라는 말이 몇 번 사용되는지 살펴보라.

3 하나님의 은혜는 우리를 만족시키는 특징이 있다. 다시 말해서 넘치는 것이다. 본문에서는 이 사실을 어떻게 표현하고 있는가?(참고 / 요 1:14, 16; 엡 1:7, 2:7, 3:20)

O 15절

O 17절

O 20절

4 "하나님의 은혜가 더욱 넘친다"는 표현을 풀어 보면 '측량할 수 없게 남아돈다, 집어삼킨다' 라고 할 수 있다. 당신은 하나님의 은혜를 생각할 때마다 이런 풍부함을 느끼는가?

5 은혜는 사망이 왕 노릇 하는 데서 더욱 넘친다. 왕 노릇 한다는 말은 굉장히 큰 권세를 휘두른다는 의미다. 17절에서 사망의 왕 노릇과 은혜의 왕 노릇을 비교해 보고, 당신이 깨달은 것을 말해 보라(참고 / 시 90:3-5; 고전 15:55-57).

6 예수 그리스도의 은혜는 아담이 끌어들인 사망의 권세보다 월등히 강하여 결국은 사망을 짓밟고 멸망시킨다. 다음의 구절을 찾아보라.

○ **고린도전서 15장 54절**

○ **요한계시록 20장 13절**

○ **요한계시록 20장 14절**

7 사망보다 은혜가 더 넘친다는 것을 믿는가? 이 믿음은 실제로 당신의 생각과 생활에 어떤 영향을 미치고 있는가?

____

____

____

8 다음으로 은혜는 죄가 더한 곳에 더욱 넘친다. 20절을 읽어 보라. 무엇이라고 말씀하는가? 다음의 글을 참조하여 깨달은 바를 정리해 보라.

율법은 더러운 지하 감옥에 갇혀 있는 죄수에게 간수가 들고 있는 등불과 비슷한 역할을 한다. 등불이 없을 때는 캄캄해서 자기가 얼마나 더러운 곳에 살고 있는지, 자기 몸에 오물이 묻어 있는지 죄수는 알지 못한다. 그러다 간수가 등불을 들고 오면 비로소 자기가 얼마나 더러운지 얼마나 더러운 곳에 있는지 알게 된다. 율법은 이와 같다. 율법은 하나님의 완전하고 거룩한 표준이기 때문에 우리의 죄 됨을 여실히 들춰내 보여 준다. 그러나 그 등불은 볼 수 있을 뿐 그것으로 얼굴을 깨끗이 닦을 수 없다. 마찬가지로 율법 그 자체로는 우리의 죄를 깨끗하게 하지 못한다. 등불에 비추어 보고 자신이 더럽다는 것을 알면 몸을 씻으려고 세면대로 달려간다. 이처럼 율법을 통해 자기가 얼마나 악한가를 발견한 사람은 자기 죄를 용서받기 위해 십자가로 달려가는 것이다. 그러므로 율법 앞에서 자신이 얼마나 악한가를 비춰보지 않으면 은혜도 약할 수밖에 없다. 그러나 율법 앞에서 자기의 악함을 늘 비춰보는 자는 그만큼 더 하나님께 나아가고 이를 통해 더 많은 은혜를 받게 된다. 자신의 죄악을 씻기 위해 그만큼 더 주님 앞에 무릎을 꿇고 매달리기 때문이다. 그만큼 더 십자가의 은혜를 사모하기 때문에 주님이 주시는 은혜를 더 많이 받는다.

9 "죄가 더한 곳에 은혜가 더욱 넘친다"는 말씀은 은혜를 받기 위해서 죄를 지어도 된다고 오해하기 쉽다. 하지만 실제로는 그렇지 않다. 다음의 설명을 읽고 정리해 보라(참고 / 롬 6:1-2; 고전 15:10).

"죄가 사망 안에서 왕 노릇 한 것 같이 은혜도 또한 의로 말미암아 왕 노릇 하여"(21절). 당신은 혹시 죄의 반대가 의라고 생각하지 않는가? 죄가 왕 노릇 한다면 반대로 의가 왕 노릇 한다고 말할 수 있어야 하는데 이 말씀에서는 의라는 말 대신에 은혜가 왕 노릇 한다고 말한다. 여기에 주목해야 한다. 죄를 상대할 적수는 우리 안에 있는 의로운 무엇이 아니다. 우리를 의롭다고 하신 하나님의 은혜가 우리 죄를 대신 처리해 주신다는 것을 알아야 한다. 나를 사랑하사 나를 위하여 죽으신 예수님의 은혜가 죄를 이긴다. 그러므로 우리가 죄를 범하지 않고 살 수 있는 순간이 있었다면 그것은 전적으로 하나님의 은혜다. 우리가 죄를 범하고도 절망하지 않고 일어설 수 있었다면 그것 역시 전적으로 하나님의 은혜다.

죄는 항상 우리를 낙담시킨다. 그러나 하나님의 은혜는 인색함이 없고 주고 또 주신다. 관대함과 아량은 은혜의 본질이다. 죄는 적을수록 좋고, 재물은 적당할수록 좋고, 은혜는 많을수록 좋다. 이와 같이 풍성한 은혜가 임하는 곳에서는 "죄를 더 짓자"보다 "더는 죄를 지을 수 없어"라고 말하는 결단이 생긴다.

 삶의 열매를 거두며

우리는 이미 죄를 이기는 은혜, 죽음을 이기는 은혜를 받은 자들이다. 이 은혜를 넘치게 부어 주신 하나님을 찬양하지 않겠는가?